Les carnets d'un curé de montagne

4e édition - 12e mille

Dans la même collection

Carnets de Vie

Témoignages, récits, histoires vécues. Des documents souvent à l'état brut : vieux manuscrits tirés du fin fond des armoires : journaux intimes, mémoires, carnets de route ou de « campagnes ».

Ecrits parallèles, lignes de vie tracées dans la marge, à l'encre rouge... La vie tout simplement, consignée dans des registres par des gens simples qui ne sont pas des « écrivains ». Ne nous donnent que ces traces émouvantes de leur existence passée, de leur jeunesse, banale et tragique tout à la fois... C'est peu et c'est beaucoup.

Les carnets d'un curé de montage (Claude Chatelain)
Les carnets d'un colporteur – Les mémoires d'un enfant de la Savoie (Claude Genoux)
Les carnets d'une alpagiste – Alpages, terres de l'été (Michèle Chatelain)
Les carnets d'un instituteur d'autrefois – Trois plumes au chapeau (Clément Brun)
Les carnets d'un médecin de montagne (Hermann Berger)
Les carnets d'un collégien d'autrefois ou la « suite du Petiou » (Jean-Gaspard Perrier)
Les carnets de guerre d'une fillette – Le soleil en cendres (Marie Ponce)
Les carnets d'un militaire de montagne – Six mois sous les neiges (Antoine Vincent)
Les carnets d'un écolier d'autrefois – Les Bornandises (Albin Bastard-Rosset)
G.A. Gilardi – Riche journal d'un artiste pauvre – *Le carnet des campagnes d'un sculpteur d'églises baroques.* Traduit et présenté par Annick Bogey-Rey
Les carnets d'une accoucheuse en Beaufortain, Olga Canova – Présenté par Odile Walter
En mon pays de haute enfance – Les carnets d'une famille en fleur (Michelle Chatelain)

A paraître dans la même collection

Les carnets d'un des premiers guides au Mont-Blanc Cachat le Géant – Présenté et traduit par Daniel Chaubet
Les carnets d'un horloger de la vallée de l'Arve, présenté par Paul Guichonnet (anonyme)
Les carnets du dernier paysan du village du Tour : Emile Ducroz, présenté par Agnès Ducroz
Les carnets d'Étienne Vincendet, le sculpteur des diables de Bessans, présenté par Francis Tracq
Les carnets d'un « poilu » savoyard Fernand Lugand (Xavier Charvet)

CLAUDE CHATELAIN

Les carnets d'un curé de montagne

4e édition - 12e mille

Carnets de Vie

La Fontaine de Siloé

DU MÊME AUTEUR

Histoire de la vallée de Bellevaux, 1973.
Habudantia, La vie au Val d'Abondance, 1983.
Notre-Dame d'Hermone, 1988.

La grande trilogie romanesque

Tome I

Les Cousins - Les Savoyards de la Pampa

Tome II

Les Savoyards de la Pampa - Nos Cousins aux Amériques

Tome III

Les Cousins - Le Temps des retrouvailles

ISBN : 2.84206.117.9

2, rue du Docteur-Veyrat, 73803 Montmélian cedex.
☎ 04 79 84 27 24 - 🖷 04 79 84 21 86

PRÉFACE

Mise à part l'homonymie des auteurs, ces deux « carnets de vie » (du nom de la collection de La Fontaine de Siloé) ne se recoupent pas, sinon le fait de se situer l'un et l'autre dans un pays du Mont-Blanc avant la lettre, entre Chamonix ou Vallorcine et Praz-sur-Arly, en passant par St-Gervais.

En eux-mêmes, ils sont inracontables dans la succession des petits faits quotidiens en deux séquences chronologiques – souvenirs de jeune prêtre et d'un enfant d'alpagiste – qui courent de 1940/1950 à 1958. Mais le lecteur prendra plaisir à suivre ces récits simples, il goûtera la qualité profonde de ces confessions, pudiques derrière leur apparente naïveté.

L'abbé Chatelain relate les débuts de sa vie de prêtre, comme vicaire à Chamonix, puis curé de Vallorcine, ensuite de Praz-sur-Arly. Son témoignage est à la confluence d'un itinéraire personnel attentif à l'évolution des mœurs, de l'armature souvent pesante de l'appareil hiérarchique, de l'attitude à la fois respectueuse et critique de l'environnement social vis-à-vis de l'Église. En séquences courtes et incisives, on a une très bonne lecture de la société haut-savoyarde à la fois conservatrice et ouverte, pratiquante mais conservant sont libre-arbitre, conformiste et traversée par le bouleversement des mœurs. Le fil direc teur est la méditation personnelle sur les valeurs, l'expression d'une vie de foi capable de peser les vrais enjeux.

Pierre PRÉAU

Une vie
en germe

À la croisée des chemins

Juin 1940

Bachelier ! Après sept années d'études, je quitte le collège de La Roche-sur-Foron ; je viens de terminer mes humanités, sanctionnées par le diplôme du baccalauréat. Devant moi, une vie à laquelle donner un sens ; mais en ce début d'été, la France est disloquée par la défaite de ses armées, l'occupation allemande et italienne, la mise en place d'un nouveau gouvernement, et un changement de régime.

L'ombre du maréchal Pétain plane sur la France, tout au moins ce qui en reste : la zone libre. Sa personnalité permet à la société de reprendre souffle et de refaire ses forces... en attendant ! Bien sûr il y a la défaite, l'armée allemande en zone occupée, les prisonniers de guerre. Mais un jour, le pays se relèvera et reprendra la lutte. Pour le moment, il faut vivre et garder espoir.

Plusieurs figures de proue se dressent sur l'horizon des jeunes de ma génération et nous tracent un idéal de vie. Tel Guy de Larigaudie, auréolé d'un immense prestige : scout et routier, auteur de livres d'aventures, chrétien généreux, tombé au cours de la bataille de France dans un engagement de cavalerie. Un de ceux qui ont sauvé l'honneur et qui rejoignent dans notre admiration des héros plus anciens, particulièrement Charles Péguy, le chantre de Notre-Dame de Chartres, tombé en 1914.

Automne 1940

Dans cette atmosphère a mûri ma réflexion. Aujourd'hui, la décision est prise : j'entre au grand séminaire d'Annecy. Nous sommes vingt-neuf étudiants en première année de philosophie. Les cinq ans d'études – deux de philosophie et trois de théologie – permettront d'affiner notre recherche et de choisir la voie qui s'offre à nous. La vocation n'est pas un destin, mais un appel. Parmi nous, la plupart deviendront prêtres. Quelques-uns choisiront une autre voie, soit une vie laïque, soit une vie religieuse au sein d'une congrégation missionnaire.

Le grand séminaire

Le grand séminaire que je découvre est le fruit d'une longue histoire. Ses bâtiments – un corps central, pris entre deux ailes –, empreints d'une sérénité austère, ont été construits en deux étapes.

La fondation date de 1688, sous l'épiscopat de Mgr d'Arenthon d'Alex. On est alors en pleine Contre-Réforme et le concile de Trente a insisté auprès des évêques pour qu'ils s'attachent avec sérieux à la formation des futurs prêtres.

La Révolution française, arrivée chez nous en 1792, vide le séminaire. Il ne s'ouvre à nouveau que trente ans plus tard, lors de la création du diocèse d'Annecy. Les élèves affluent alors si nombreux qu'il faut bientôt hausser les murs et agrandir la maison. La partie de droite, l'aile qui la borde et la tour située au nord sont construites sous l'épiscopat de Mgr Rendu, en 1851. Du coup, la porte d'entrée se déplace au-devant de l'aile centrale. Un magnifique escalier à deux rampes permet d'y accéder. (On voit encore l'ancienne porte, maintenant inutile au-dessus du terre-plein, face au portail qui ouvre sur la route.)

La vie au séminaire, elle aussi, témoigne du passé : elle s'inspire du modèle sulpicien, c'est-à-dire du règlement des prêtres de Saint-Sulpice, dont Jean-Jacques Olier a fondé l'ordre à Paris en 1641. Cette forme d'éducation cléricale a traversé les siècles. Elle s'appuie sur l'école française de spiritualité dont les piliers portent les noms de Pierre de Bérulle, Philippe Neri, Jean Eudes, Adrien Bourdoise, Vincent de Paul.

Pour contrer les effets et les méfaits de la Révolution française, le modèle sulpicien est reproduit. Il sera même imposé d'autorité pour former des prêtres qui soient les champions des droits de Dieu et de l'Église face aux droits de l'homme. Le séminaire ressemble à une oasis de sécurité au milieu des agitations de la société : il faut protéger les séminaristes contre les attaques des incroyants et les séductions du monde. Il correspond à l'image que l'Église se donne d'elle-même en ce XIXe siècle, une Église attaquée et qui se défend.

Et, de fait, le séminaire résiste tous azimuts : d'abord à la crise de la séparation de l'Église et de l'État en 1905 (la vieille maison est saisie, vendue, transformée en l'*Hostellerie de la Puya*, puis rendue au diocèse en 1920, sous l'épiscopat de Mgr de Villerabel) ; ensuite à l'entre-deux-guerres et à l'essor de l'Action catholique spécialisée : l'esprit de la maison ne varie pas d'un pouce. À peu de choses près, tel il a été conçu au XVIIe siècle et mis en pratique tout au long des années écoulées, tel je découvre le grand séminaire à la rentrée de 1940. Toujours fermé sur lui-même, il se protège du monde extérieur. Le règlement, immuable, encadre notre vie d'étudiants. Il revêt même un caractère sacro-saint qui donne à l'ensemble un aspect quasi monacal.

L'enseignement est donné par des prêtres du diocèse, soigneusement choisis parmi les plus savants et les plus dignes. D'ailleurs, ils ne sont pas là seulement pour enseigner, mais aussi pour accompagner les élèves et les diriger par leurs conseils sur le chemin qui conduit au sacerdoce. D'où le terme en usage pour s'adresser à eux : Monsieur le Directeur (à l'exception de « Monsieur le Supérieur », bien sûr).

Nommé par l'évêque, le supérieur garde avec lui une relation privilégiée et il en possède toute la confiance. C'est un poste de choix et de responsabilité que de former les générations de futurs prêtres. La trame de l'Église de demain est en train de se tisser sur ce métier que sont les cinq années de séminaire. Le supérieur a la charge de sauvegarder l'esprit de la maison, de contrôler le niveau des études et maintenir l'entente au sein du corps professoral, de mener à bien l'avancée de chaque séminariste vers sa vocation. La noblesse de sa fonction lui confère une dignité remarquée. Très souvent, le pape choisit un supérieur de grand séminaire pour le porter à la tête d'un diocèse.

Un grand séminaire demeure toujours sous surveillance, tant épiscopale que romaine. La crise moderniste a laissé des traces. L'encyclique *Pascendi* du pape Pie X, en 1907, a condamné le modernisme, considéré comme une hérésie. Sous cette appellation, on peut ranger toute nouvelle approche de la théologie, de l'enseignement de la morale, de l'étude des Saintes Écritures, de l'état de vie des prêtres, de la vie sociale et de la vie politique. En quelque sorte, toute nouveauté est condamnable, à défaut d'être condamnée. Il s'en est suivi un climat détestable de condamnation, de suspicion et de délation dans l'Église.

Rien ne peut donc changer ni évoluer. On se contente de répéter les paroles et les gestes, à la limite du psittacisme. Les manuels sont écrits en latin et les arguments doivent être appris par cœur. Le règlement est souverain et il doit régner en maître. Son application est poussée à l'extrême. Le supérieur demande, au cours de ses exhortations spirituelles, que lorsque la cloche sonne la fin de la récréation, la phrase commencée soit suspendue aussitôt, allant jusqu'à suggérer de ne pas même terminer un mot.

Malgré la bonne volonté de part et d'autre, il est difficile d'imposer l'application tatillonne d'un règlement à une centaine de jeunes étudiants. Le désir de devenir prêtre et la volonté de s'y préparer n'empêchent pas une réaction juvénile envers l'autorité. Demain sera-t-il semblable à aujourd'hui ? À cette question, tout jeune est tenté de répondre non, même s'il sait que demain est déjà en gestation aujourd'hui.

Devant l'incertitude de l'avenir – nous sommes en temps de guerre et aux beaux jours de la « révolution nationale » – on est tenté d'imposer un mode de vie et de pensée qui puisse accompagner le futur prêtre par-delà les murs du séminaire, tout au long de son ministère.

Le supérieur se trouve être un ancien combattant de la guerre 1914-1918. Il a vu les premiers chars de combat employés pour soutenir l'avancée des troupes. « Un jour, nous dit-il au cours d'une conférence spirituelle, un char est entré dans une maisonnette de bois et il en est ressorti en emportant sur lui la toiture et les murs. Voilà ce que doit être la formation du prêtre ! À sa sortie du séminaire, il emportera avec lui son savoir et sa piété, qui le garantiront pour toute sa vie. »... Mais on n'emmène pas sa formation avec soi comme un fantassin porte son « barda » !

Les Chantiers de jeunesse

Un certain idéal

Juillet 1942

Mes deux années de philosophie sont achevées ; je suis appelé pour faire mon temps aux Chantiers de jeunesse.

Expérience nouvelle, certes, surtout après le recueillement du grand séminaire. Saut vers l'inconnu ? Peut-être moins qu'il n'y paraît, quand je pense aux buts que se proposent les camps, à l'esprit qui les anime.

Les Chantiers de la jeunesse française, créés pendant l'été 1940, au plus fort de la débâcle, pour accueillir les jeunes recrues incorporées en juin, puisqu'il n'y a plus qu'une armée fantôme, l'armée d'armistice, ont été organisés par le général de La Porte du Theil.

L'idée de ce dernier est d'aider les jeunes de France à surmonter les conséquences de la défaite et à retrouver une santé morale et civique : la France vit à l'heure de la « révolution nationale ». Et il semble tout désigné pour cette tâche, lui qui a dit, dans ses adieux à ses troupes, quand le 7e corps d'armée – qu'il commandait – a été dissous : « Il faut maintenant réparer les ruines ; c'est sur vous, qui n'avez pas faibli, que le pays compte aujourd'hui... Un jour, nos drapeaux flotteront libres sur nos cités reconquises. »

Le général est le fils d'un inspecteur des Eaux et Forêts et il a été marqué par le scoutisme : ces deux influences ont donné une qualité de vie aux groupements qu'il a mis en place.

Les jeunes passent huit mois entre eux, dans des camps implantés loin des villes et où l'esprit de camaraderie est de règle, hors de leur famille et de leur milieu. Ils entrent en contact avec la nature, unissent leurs forces pour un travail d'intérêt national concernant en particulier la forêt : défrichement, coupes de bois pour le Secours national, construction de routes forestières, reboisement, fabrication de charbon de bois, lutte contre les incendies de forêt.

Le général et ses collaborateurs se sont plus inspirés du modèle scout que du modèle militaire, même s'ils pensent au fond d'eux-mêmes qu'un jour la revanche viendra et qu'il faut être prêt. Ils espèrent pendant ces huit mois faire passer un certain idéal, un souffle de loyauté et de patriotisme, et pour cela ils comptent sur la camaraderie vécue à l'intérieur du camp.

Les chefs qui dirigent les différentes unités et leurs assistants sont tous des jeunes, à peine plus âgés que ceux qu'ils doivent commander, et animés du même esprit. De jeunes officiers, et des aspirants sortis des écoles de cadres, rendus à la vie civile, ont répondu à l'appel avec enthousiasme. Ils ont été rejoints par des chefs scouts, en particulier ceux qui n'ont pu retourner en zone occupée, et par des séminaristes désireux d'apporter leur contribution à ce mouvement de jeunesse. Ceux-ci, leur temps de service accompli, rempilent pour quatre ou huit mois comme chefs d'atelier, ensuite comme assistants, après être passés par une école de formation des cadres.

Huit mois en camarades

17 juillet 1942

Monestier-de-Clermont : j'arrive par le train, en compagnie de quelques camarades ; j'ai rendez-vous avec mon incorporation dans les Chantiers. La vallée de Monestier ouvre le passage à la route qui conduit au col de la Croix-Haute, communiquant avec la Provence. Le bourg aligne ses maisons le long de l'unique rue qui le traverse. Tout est centré ici sur le passage des voyageurs qui ont emprunté, au cours des âges, cet itinéraire entre le Nord et le Midi. Les hameaux et les villages s'étagent au long de la pente, cherchant les rayons du soleil. La vallée est limitée à l'ouest par les contreforts du massif du Vercors ; vers le midi, elle bute contre les soubassements rocailleux qui portent le mont Aiguille. Alors, elle s'incurve vers l'est et donne accès au plateau du Trièves.

C'est dans cette vallée qu'a été installé le groupement 9 des Chantiers. Il s'intitule « Le Roc » et il a pris comme devise « Sans faille », s'inspirant de l'image du mont Aiguille qui domine le paysage. Dix camps de jeunes se répartissent au gré des sites, assez éloignés les uns des autres, dont les noms chantent à nos oreilles : Puy-Grimaud, Pey-Bouzou, Ruthière, Esparron, col du Fraisse, etc. Près du bourg est établi le groupe 11, avec tous les services nécessaires au bon fonctionnement de l'ensemble.

Dès notre arrivée, nous sommes dirigés vers les baraquements pour les formalités d'inscription. Là, je troque mon habit ecclésiastique contre une tenue en vert des Chantiers. Je touche mon paquetage et laisse ma soutane dans une valise à mon nom à la consigne du camp ; je la reprendrai dans huit mois, au moment d'être libéré.

Je suis affecté au groupe 5, situé au col du Fraisse, à une petite distance du bourg. (Chaque groupement – 1 500 à 2 000 hommes – est réparti en une dizaine de camps ; chaque camp étant occupé par un groupe – 150 à 200 hommes –, divisé en une dizaine d'équipes.)

Je me mets en route avec une vingtaine de jeunes qui suivent la même direction, sous la conduite d'un assistant. Me voilà totalement immergé au milieu de garçons que je ne connais pas et qui affichent plumage et ramage rien moins que séminaristes. La conversation de quelques-uns me surprend ; ils parlent des filles qu'ils ont laissées, de celles qu'ils ne pourront pas « avoir » pendant les mois à venir. Ils se racontent leurs prouesses. Je m'aperçois que pour ceux-là le sexe a une importance que j'ignorais ; le séminaire ne me l'a pas appris. Ma famille non plus.

Le choc est rude qui fait passer brutalement de l'atmosphère feutrée de l'internat au contact des jeunes de vingt ans élevés en pleine vie. Je découvre un autre monde. Il y a là des paysans (les plus nombreux), des ouvriers et quelques étudiants.

Le groupe 5 porte le nom de « Lyautey-Lorraine », avec la devise « Lorraine toujours française ». Il a été installé sur un col de moyenne altitude, qui fait communiquer la vallée de Monestier avec celle qu'ont creusée les eaux grises du Drac. Au niveau du chemin public, on a distribué les services du camp : cuisine, infirmerie, foyer des jeunes, mess des chefs et des assistants, chalets des chefs. Au centre, un mât pour les couleurs, à proximité, les installations sportives et le bassin pour le décrassage matinal. Dominant le chemin, une grande croix. Les habitations des jeunes s'étagent dans la pente, face au soleil ; ce sont des cabanes de bois sur pilotis, appelées cabanes Adrian, du nom de leur inventeur. Chaque cabane est attribuée à une équipe.

Je tombe dans une équipe accueillante, composée de Savoyards, de Lyonnais et d'Ardéchois. Son chef, un protestant, est le type même du chef scout : droit et propre, large sourire et franche poignée de mains. On sent tout de suite une atmosphère de camaraderie, où il fera bon vivre.

18 juillet 1942

J'ai apporté dans mes bagages le Nouveau Testament. J'ai décidé de lire chaque jour un passage et je commence par l'évangile de saint Matthieu. Ironie du sort ! La première lecture qui s'offre à mes yeux – chapitre 1, verset 18 – concerne la conception virginale de Jésus. À supposer que mes gars d'hier connaissent ce texte, cette histoire doit bien les faire rire ! Je mesure l'abîme qui sépare la religion telle qu'elle est enseignée dans les séminaires et prêchée dans les églises, et la mentalité des gens au contact des réalités de la vie. Que faire ? Rester sur ses positions, ou tendre un pont par-dessus le fossé ?

*
**

Un stage de huit mois est certainement un peu court pour influencer d'une manière durable le moral des jeunes et leur donner un idéal de vie. Pourtant le travail et les sorties en équipe favorisent solidarité et altruisme.

Une expérience comme celle du grand jeu dont nous revenons juste, ne peut sûrement pas s'oublier. (Je la note aussitôt, dans l'enthousiasme.)

Nous avons parcouru le plateau du Vercors, et découvert une nature sauvage. Un soir, la nuit nous a surpris au pied du Grand

Veymont. Nous n'avons pas pu monter les tentes. Et nous avons dormi là, sous les étoiles qui berçaient notre sommeil.

C'est au cours de la marche et de la popote que l'on apprend à se connaître mutuellement. Chacun apparaît tel qu'il est en lui-même.

Mais quelle belle vie que celle de l'aventure, où toute l'équipe se sent unie autour du chef ! On descend de la montagne, où règnent le soleil et l'air pur, fortifiés physiquement et moralement, bien décidés à reprendre l'ascension vers les sommets... Aussi la nostalgie de ces journées passées en altitude, loin des sentiers battus, des petites habitudes et des bassesses humaines, me prend déjà.

Automne 1942

Me voilà assigné à la baraque de service. Je suis magasinier, chargé de l'outillage (pelles, pioches, pics, haches, etc.) et également responsable du foyer où les jeunes viennent après le travail de la journée. Je fais donc partie de l'équipe de service, qui comprend les cuisiniers, les muletiers, les bouviers, l'infirmier, le vaguemestre. Le moins qu'on puisse dire, c'est qu'ils ne sont pas des enfants de chœur. Mais ils m' accueillent sans réticence. Avec eux, il faut discuter de tout et de rien, être prêt à tout échange, sérieux ou moqueur, et rire à la moindre occasion. Je découvre des garçons très sympathiques, entre autres Tintin le muletier, Geogeo et Pierrot les cuisiniers.

Leur langage est cru, et pourtant ils ont à mon égard un respect étonnant. Respect qui ne signifie pas distance : je suis de plain-pied avec eux. C'est ainsi qu'ils m'ont blagué l'autre jour : « À la quille, quand on s'arrêtera à Grenoble, on t'emmènera boire un verre dans une "maison de passe". Comme ce n'est pas écrit sur la devanture, tu n'y verras que du feu, et tu te retrouveras à l'intérieur en soutane ! » Et de rire comme des fous à ce tableau incongru !

La camaraderie et l'humour au sein de l'équipe m'apportent beaucoup. Je deviens moi-même et découvre que chacun gagne à être connu. Éviter des jugements faits à l'emporte-pièce. Si un jour je suis prêtre, je tâcherai de ne pas m'en tenir à la surface des choses et des gens.

*
**

Écrit après coup !

Au mois de novembre 1942, les troupes allemandes ont envahi la zone libre, suite au débarquement allié en Afrique du Nord. Avant leur arrivée, les groupements des Chantiers ont reçu la consigne de dissimuler dans les camps de montagne les effets militaires en dépôt dans les casernes de Grenoble. Le groupe 5 est chargé de recevoir une cargaison de sacs Lafuma, destinés aux troupes de montagne, et de les mettre à l'abri.

On a choisi de cacher le tout dans l'espace compris entre le plafond du foyer et le toit. J'ouvre un passage, grimpe et, à genoux (seule position possible), j'entasse les sacs qu'on me passe. Tout à coup le plafond cède et j'atterris durement dans la salle, cinq ou six mètres en dessous.

Ensuite, plus rien. Je reprends connaissance à l'infirmerie de Monestier, où je reste le temps de voir disparaître mes maux de tête. J'ai droit ensuite à une convalescence en famille, avant de retrouver avec joie mon équipe de la baraque de service.

*
**

Rien à signaler.

Hiver calme : j'accomplis principalement un travail d'accueil auprès des jeunes, soit au foyer pour la détente, soit à l'infirmerie pour des soins éventuels.

Mars 1943

Monestier.

Je suis revenu de permission pour apprendre que le groupe 5 est consigné à cause de la rougeole. Il m'est donc interdit de m'y rendre. Or, il ne me reste que quelques jours à attendre pour être libéré et reprendre la vie civile.

Les formalités traînent en longueur, jusqu'à ce matin, vendredi, où tout s'accélère. Je reçois mon paquetage des Chantiers, que l'on m'a fait descendre, et l'échange pour des vêtements civils. Me voici de nouveau en soutane.

Chacun sait qu'une soutane est dotée de vastes poches ! J'y glisse les trois bouteilles de vin mousseux (du seyssel) que j'ai rapportées de permission pour fêter la quille avec les copains, j'enfourche un vélo et, en cachette, je monte au col faire mes adieux à l'équipe. Tout se passe bien. Et les gars sont contents de me voir en soutane, même s'ils ne peuvent m'accompagner pour ce voyage de retour !

***

Les Chantiers ont été une riche et belle expérience. Je ne suis pas près d'oublier les jeunes que j'ai rencontrés. À leur contact, j'ai beaucoup appris. Cette ouverture sur le monde m'aidera sûrement dans mon ministère – car, c'est décidé, je rentre au séminaire et je serai prêtre.

Les années décisives

Mars 1943

Je retrouve une cellule dans le silence du grand séminaire, où j'entame ma troisième année d'études théologiques. Avec, en pensée, un remerciement à mes compagnons des Chantiers, car c'est grâce à eux que j'ai pu affiner mon désir de devenir prêtre.

Je fais part de cette expérience et de ma décision à celui que j'ai choisi comme directeur de conscience. Le chanoine M... est une figure de la maison. Un brin bourru, comme tout bon Savoyard, il cache un cœur d'or et une expérience pédagogique exceptionnelle. Âgé aujourd'hui de cinquante-neuf ans, il occupe la chaire de professeur de morale. Beaucoup de séminaristes se sont confiés à lui. La pointe de sa pédagogie de directeur consiste à ce que l'élève arrive... à se passer de directeur ! Quand le jeune prêtre aura quitté les murs et pris un ministère de plein vent, il devra s'assumer et se prendre en charge. Il faut donc l'aider à devenir lui-même, à développer ses possibilités humaines, intellectuelles et spirituelles, pour qu'il puisse répondre aux besoins qu'il rencontrera.

Il me conforte dans mon choix et me présente le Christ comme un ami qui m'accompagnera tout au long de mon ministère et qui deviendra mon confident. À l'heure où d'autres jeunes de mon âge choisissent l'amour d'une femme pour se projeter dans la vie, personnellement je choisis le Christ comme compagnon ; avec lui, je vivrai l'amitié partagée avec ceux qui me seront confiés.

L'horizon de ma vie s'éclaircit. Par contre, l'horizon des hommes est devenu noir de nuages et de menaces.

Ce printemps, les autorités allemandes viennent d'instituer en France le Service obligatoire du travail (le S.T.O.). Il s'agit d'envoyer en Allemagne les jeunes gens nés en 1921, 1922 et 1923, pour travailler dans les usines. Du fait des pertes civiles et militaires, et de l'étendue des fronts où ils combattent, les Allemands manquent de main-d'œuvre. Or, il faut que leur effort de guerre continue, et même qu'il s'amplifie. Dans cette intention, ils font appel à toutes les nations d'Europe. Ils sont les maîtres et font sentir leur pouvoir. Les autres peuples doivent être à leur service, nouveaux esclaves promis à la grandeur du Reich allemand !

Ils se sont assuré la collaboration du gouvernement français sous le fallacieux prétexte que ces jeunes, partis travailler en Allemagne, vont permettre à autant de prisonniers de guerre de rentrer dans leur foyer. Personne n'est dupe de ce marché. Mais le charisme du maréchal Pétain, quoique déjà bien affaibli, est encore tel que nombre de personnalités civiles et ecclésiastiques encouragent ces départs. Il faut obéir.

Le grand séminaire est comme un îlot à l'abri du monde. Les bruits soulevés par les problèmes de la Résistance et de la collaboration doivent s'arrêter à la porte de la maison ; ils ne doivent pas troubler l'intérieur du sérail.

Mai 1943

Pourtant, la question demeure : peut-on collaborer avec l'ennemi ? et son corollaire : doit-on partir en Allemagne ? Elle se double d'une interrogation : peut-on laisser partir en Allemagne des jeunes abandonnés à eux-mêmes ? En tant que séminaristes, n'avons-nous pas le devoir de les accompagner ? Car le système nazi, condamné par le pape Pie XI dans son encyclique *Mit brennender Sorge*, symbolise le nouveau paganisme qui travaille à s'étendre à la vieille Europe !

Nous cherchons une lumière qui nous permette de percevoir les signes de Dieu dans notre vie. Nous parviennent alors, sous le manteau, la Lettre pastorale de Mgr von Preyseng, évêque de Berlin, publiée le 13 décembre 1942 (« *Metanoeite* », dit-il, « révisez vos manières de penser »), la Protestation des Églises de Hollande (protestantes et catholiques) de fin février 1943, la Lettre pastorale des évêques de Belgique, du 21 mars 1943, et surtout le premier *Cahiers du Témoignage chrétien*, intitulé « France, prends garde de perdre ton âme », paru en novembre 1941, qui a mis du temps pour parvenir jusqu'à nous et qui, par mesure de prudence, ne porte aucune signature. Il prend position contre la politique du gouvernement de Vichy dans sa collaboration avec l'ennemi, le national-socialisme. Il met en garde contre l'espionnage et le mouchardage pratiqués dans la société civile, dans les lycées et dans l'Église. « Prêtres, religieux, catholiques influents, seront les premiers visés par cet espionnage. Au début, on essaiera de les amener d'eux-mêmes au silence par des avis bienveillants, ou en faisant appel à l'obéissance ! Comme si l'obéissance la plus sacrée n'avait pas toujours une limite : celle du péché ! Si l'intimidation ne suffit pas, on ira plus loin... Catholiques et chrétiens de France doivent donc s'attendre à être calomniés, emprisonnés, et même à subir un sort pire. Déjà, à Paris, plusieurs curés et vicaires ont été emprisonnés. Pour nous, notre décision est prise. Car autant l'intérêt majeur des Allemands et de leurs serviteurs est d'entretenir l'équivoque, autant notre devoir de Français et de chrétiens est de la dissiper : nous ne cesserons donc de nous opposer au triomphe des principes nazis, quelles que soient les formes qu'ils revêtent. »

Nous recevons des reproductions de lettres de militants jocistes, de prêtres et de séminaristes qui ont accompagné des jeunes du S.T.O. sur leurs lieux de travail et de résidence. Elles nous décrivent l'œuvre de déchristianisation entreprise par les autorités allemandes, par la Gestapo en particulier. Elles donnent en exemples les témoignages de militants chrétiens au service de leurs frères, d'une Église qui vit une situation de diaspora au milieu d'un monde païen. Les structures institutionnelles n'existent plus. Aussi ces lettres parlent des difficultés rencontrées et elles invitent à ne pas nous faire illusion. L'entreprise est difficile ; seuls les tempéraments bien trempés, déjà en contact avec les réalités par leur travail et leur formation sur le terrain, peuvent espérer tenir le coup et pratiquer un apostolat en ce milieu.

Juin 1943

L'atmosphère du séminaire commençait à bouillonner et voilà qu'arrive, toujours sous le manteau, un texte du cardinal Liénart, évêque de Lille. C'est celui du discours qu'il a prononcé le 15 mars 1943, à Roubaix, devant quatre mille jeunes gens, pour leur dire sa pensée sur l'attitude à adopter devant le Service obligatoire du travail. Il a pris courageusement la parole pour dire NON !, non à cette forme insidieuse de collaboration avec l'ennemi. Il estime que le Travail obligatoire va contre l'honneur du pays et le droit des personnes, et qu'en conscience, nul n'est tenu d'obéir à une loi inique. La censure a interdit la publication de ce texte, mais la police n'a pas osé porter la main sur le cardinal. Arrivé juqu'à nous, après avoir circulé de main en main, il fait l'effet d'une bombe. Nous nous jugeons déliés du devoir d'obéissance à l'égard du gouvernement.

Notre évêque, au contraire, demeure dans la ligne imposée par le gouvernement du maréchal Pétain. Comme lui, nombre de prêtres âgés voient dans la personne du Maréchal un chef d'État digne de la France. Ils ont connu les lois laïques de la Troisième République ; ils n'ont pas oublié les mesures vexatoires des Inventaires de 1905, et le gouvernement du Front populaire de 1936. Aussi sont-ils reconnaissants au Maréchal d'avoir redonné une place à la religion et à l'Église dans la société. L'État aide au financement des écoles libres, et le chef de l'État assiste officiellement à la messe lors de ses déplacements en province. Mais ils ne voient pas que Pétain est prisonnier de Laval et des Allemands. Il n'a pas pu faire un geste au moment de l'invasion de la zone libre en 1942 ; il est resté sur place, prisonnier d'honneur en quelque sorte, mais sa présence cautionne dès lors tout ce qui arrive.

L'évêque nous a fait dire par la bouche du supérieur « qu'il espère bien qu'aucun de ses séminaristes ne se mettra en dehors de la loi ». Cette phrase est tombée comme une douche froide ; elle a même été ressentie comme une provocation.

Et pour faire bonne mesure, il a invité comme prédicateur de la retraite d'ordination le chanoine Thellier de Poncheville !

Cette retraite dure pratiquement une semaine. Elle est doublement importante : elle termine l'année scolaire, et surtout elle conduit les séminaristes à recevoir les ordres (ordres mineurs : portier, lecteur, exorciste, acolyte ; sous-diaconat ou diaconat ; enfin l'ordination sacerdotale proprement dite).

L'abbé Thellier de Poncheville demeure une grande figure de la guerre de 14-18 ; il l'a faite comme aumônier dans les tranchées. Les « poilus » lui ont gardé plus que de l'estime : de la vénération ! Grand prédicateur, il est toujours invité à prendre la parole lors des rassemblements d'Anciens Combattants, pour l'inauguration d'un monument du souvenir. Il porte une religieuse admiration au maréchal Pétain, le vainqueur de Verdun.

Par le vœu qu'il a exprimé et le choix du prédicateur, l'évêque espère nous contraindre à l'obéissance, en mettant dans la balance, outre son autorité, le poids de la volonté de Dieu.

*
**

Cette année, une trentaine d'élèves s'apprêtaient à être ordonnés prêtres. Plus que d'habitude, car étaient présents tous ceux qui avaient été retardés dans leur marche vers le sacerdoce par les conflits de 1938 et 1939.

Malgré le sérieux d'une retraite où ont alterné prières, réflexions et conférences, malgré la charge émotive que recèle toute veille d'ordination, malgré les difficultés de l'heure, jamais retraite ne fut aussi tumultueuse. La personnalité du prédicateur n'a pu contribuer à l'apaisement.

*
**

La fin de l'année scolaire a ouvert les portes du séminaire. Les nouveaux prêtres ont rejoint le poste que l'évêque leur a attribué. Le reste des élèves s'est éparpillé dans la nature, chacun cherchant à se mettre à l'abri selon les possibilités de sa famille.

Je ne me suis pas présenté à la convocation pour le S.T.O. Or, les gendarmes sont chargés de rechercher les réfractaires. Bien que mon père, huissier de justice, entretienne de bons rapports avec eux, il faut songer à prendre des précautions. La caserne de gendarmerie, située sur la place publique, est à portée de vue de la maison familiale. C'est le moment de disparaître.

Automne 1943

Me voilà berger dans une exploitation agricole, en une commune un peu à l'écart, sur le plateau de la Semine. La maison de ferme se trouve en contrebas du village, à l'abri des regards indiscrets. Une famille de paysans a bien voulu m'employer pour me cacher. La solidarité, pourtant, ne va pas de soi en ces temps difficiles. Car il s'agit là d'un acte de courage : il suffirait d'une délation pour provoquer la visite des gendarmes, voire celle de miliciens ou même de la Gestapo.

Je conduis matin et soir mon troupeau de vaches au champ qui est assigné pour la pâture du jour. Et pendant que je garde mes bêtes, en compagnie du chien de la maison, je « potasse » mes livres de théologie, je réfléchis, j'écris. La solitude ne me gêne pas et la forêt me protège. J'ai l'avantage d'avoir un bon chien berger : c'est lui qui fait tout le travail, et les bêtes sont dociles en sa présence.

*
**

À la rentrée, le séminaire n'a reçu que les élèves non concernés par le S.T.O. Les autres, au lieu de partir en Allemagne, se sont dispersés en se camouflant d'une manière ou d'une autre. Quelques-uns ont traversé la frontière pour se mettre à l'abri en Suisse et s'y faire interner pour la durée de la guerre. Notre évêque, dépité par ce refus d'obéissance de la part de ses séminaristes, a fait porter la faute au supérieur ; il l'a contraint à démissionner et l'a aussitôt remplacé.

Aucun séminariste n'a rejoint un groupe de maquisards. Si l'évêque et ceux qui l'entourent ne voient pas le mal qu'il y a à favoriser la collaboration avec l'Allemagne, ils dénient par contre toute valeur aux groupes de Résistance. Pour eux, les maquisards ne sont qu'un ramassis de communistes sans Dieu. Ils confondent l'A.S. (l'Armée secrète) et les F.T.P. (les Francs-Tireurs et Partisans). Beaucoup de Français pensent la même chose. Pourquoi aller se faire tuer ? Pourquoi risquer de faire périr des innocents, du fait des représailles organisées par les Allemands ? Il suffit d'attendre, la libération viendra. Les familles et les curés prêchent dans le même sens, cherchant à préserver leurs enfants.

Ces événements ne laissent personne indifférent, mais, je le pressens, le temps qui passe apportera son changement. La faille ouverte par la désobéissance à un ordre des supérieurs ne se refermera pas. Elle ouvrira à d'autres comportements que ceux prêchés par la tradition d'un passé révolu.

Janvier 1944

Par l'intermédiaire d'un curé de la Semine, qui sert de boîte aux lettres, mon père me fait savoir que ma retraite va prendre fin. Le supérieur du séminaire a pu obtenir un arrangement avec les services départementaux du travail. Les élèves sont censés ne pas être concernés par l'appel au S.T.O. Si bien que le séminaire peut accueillir tous ceux qui s'étaient disséminés et cachés d'une manière ou d'une autre dans le département. Seuls demeurent absents ceux qui sont internés en Suisse.

*
**

Je quitte la famille qui m'a si gentiment accueilli et hébergé pendant ces quatre derniers mois. Je n'aurai garde d'oublier le geste qu'ils ont eu tant à mon égard qu'à l'égard de mes parents. Rien ne les obligeait à me venir en aide ; ils en connaissaient les risques, d'autant que cette commune abrite une cellule de résistants [1]. Je quitte la clandestinité pour revenir à Seyssel, reprendre ma soutane et rentrer au séminaire.

De faux papiers en papiers faux

La fausse carte d'identité que m'avait fabriquée, en cachette, la secrétaire de mairie de Seyssel et qui me couvrait durant le temps de mon séjour à la ferme, me faisait naître à Lorient. On avait changé l'année de la date de naissance de façon à ce que je puisse échapper au S.T.O. Impossible de vérifier, car le port de Lorient, fortement bombardé par les Américains et les Anglais, ne laissait aucune trace d'archives : tout avait brûlé.

Les faux papiers qui nous permettent de demeurer au séminaire et de continuer nos études, ont été établis par l'inspecteur départemental du travail, M. Pierre Lamy. Il œuvre avec un dévouement et un courage extrêmes pour éviter aux jeunes de partir, n'hésitant pas à risquer sa vie [2].

Finalement, je n'aurai pas perdu mon année scolaire : pendant mon séjour à la campagne, soit en gardant les vaches au pré (d'où l'utilité d'un bon chien !), soit dans ma chambre, j'ai étudié le traité prévu au programme du séminaire, celui de la Grâce. Gros morceau : le livre est énorme, le sujet essentiel. J'ai réussi un examen de vérification de mes connaissances (indulgence ?). Ce premier trimestre me sera donc compté comme normal.

*
**

La vie au séminaire se déroule plus que jamais entre les murs d'enceinte. Il ne faut pas donner prise à des manifestations extérieures. Tout est consacré aux études théologiques, à la prière, à la réflexion... et au travail de jardinier ; le jardin est exploité au maximum pour compléter le maigre ordinaire permis par les cartes de rationnement. Le nouveau supérieur a pris la direction de la maison dans des circonstances difficiles. D'une autre génération que son prédécesseur, il innove quelque peu. Il est d'un abord beaucoup plus accessible, et il donne régulièrement des nouvelles des événements lors des causeries qu'il nous fait. Vu les événements extérieurs, il ne faut pas que la pression intérieure se fasse trop lourde. Une sourde angoisse règne sur des lendemains inconnus.

*
**

Il va falloir se serrer, car les élèves du petit séminaire de Thonon, chassés par les Allemands, viennent s'installer au grand séminaire. Le quatrième étage, sous les combles, est à peine achevé ; il sera tout de suite occupé. (Le petit séminaire de Thonon a été réquisitionné par les Allemands.)

Automne 1944

Cet été, l'armée de libération a débarqué sur les côtes de la Méditerranée. Si bien que la nouvelle année scolaire s'ouvre sous de meilleurs auspices. Pour le concrétiser, le supérieur rassemble toute la communauté pour une photo souvenir.

Extraits de lettres de séminaristes travailleurs en Allemagne

(Parus dans la revue *Renouveaux* du 15 avril 1944.)

« ... *Il est question, dans un passage de Claudel, de "cette masse qui prend forme derrière nous". C'est vrai, très vrai : ça prend forme derrière nous, quand nous avons passé, et l'on goûte déjà les joies de la paternité spirituelle... Je ne comprends plus pourquoi il y a si peu de prêtres ! Il faut croire que Satan aveugle le cœur des jeunes gens pour qu'ils ne soupçonnent point l'éclatante beauté de l'appel !... Ils s'accrochent à celle qui est "la promesse qui ne peut être tenue" ! Tandis que Lui, il est le "*Fidelis Deus per quem vocati estis." »

« ... *Un type m'a fait un plaisir fou un jour en me disant que j'avais un amour "charnel" pour le Christ... Oui, le faire aimer, Lui, d'un amour passionné pour les autres. La grande ligne de la spiritualité ici, c'est la mise à la base de tout, l'explication et l'illumination de tout par ce dogme magnifique de la Trinité. Le Père engendrant le Fils et vivant en Lui de toute la puissance de son dynamisme paternel ; le Fils aimant le Père et cet amour étant Dieu lui-même, l'Esprit-Saint. Pour moi, il n'y a qu'à "se flanquer" soi-même dans cette gigantesque rotation d'amour... »*

« ... À un type qui me demandait pourquoi la religion chrétienne était la plus belle, je lui ai fait d'abord admettre que ce qu'il y avait de plus beau dans l'homme c'était l'amour. Puis je lui ai dit que seule la religion chrétienne avait fait de l'amour son Dieu. Comme la dévotion au Cœur du Christ apparaît belle, quand on envisage le Cœur du Christ comme le lieu où se fait cet échange d'amour, comme le signe sensible, l'incarnation pour ainsi dire de la Trinité ! »

Ces extraits de lettres m'ont profondément marqué. Je retrouve en ces lignes le sens du sacerdoce que je voudrais vivre. Elles vont orienter mon ministère vers le service des autres. Elles sont d'autant plus expressives qu'elles parviennent de séminaristes que je ne connais pas, mais en qui je me retrouve, et qui témoignent du Christ dans le combat de tous les jours et dans les difficultés, là-bas en Allemagne, aux prises avec l'idéologie nazie.

Aimer le Christ d'un amour « charnel » – il a raison –, et aimer ceux qui me seront confiés de ce même amour.

S'insérer dans cette gigantesque rotation d'amour qui entraîne l'humanité, et vivre la communion avec les Trois Personnes divines.

Faire passer ce souffle de communion chez les jeunes, les foyers, les familles, pour qu'ils vivent l'amour qui leur a été donné.

Voilà les pistes qui guideront mon sacerdoce.

Prière composée par l'abbé Godin[3]

Pour tant de frères et de sœurs et de petits enfants, vos filles et vos fils,
Que vous m'avez confiés, Seigneur, et qui avaient des âmes belles et grandes,
Et pour cette connaissance que j'ai eue de vous, à travers elles,

Seigneur, je vous remercie et vous loue.

À cause de tant d'âmes rachetées de ton sang, ô Christ ! qui sont passées dans ma vie
Et à qui je n'ai pas transmis le message que tu m'avais confié pour elles,

Jésus, je te demande pardon.

À cause de tous ceux et de toutes celles que tu as mis sur mon chemin
Et que j'ai abandonnés, indifférent ou trop pressé,
Comme un mauvais pasteur qui ne connaît pas ses brebis,

Aie pitié !

Et pour ta bonne semence jetée quelques jours
Et qui lentement grandit
Et qui croîtra jusqu'à la fin du monde,

Seigneur Jésus, chaque jour je te prie.

Pour tous ceux et pour toutes celles que le Seigneur votre Fils m'a donnés,
Me tournant suppliant vers Vous, je vous prie,
Ouvrière bénie entre toutes les femmes,
Infirmière de toutes les âmes,
Lumière de tous les matins,

Ô Notre Dame !

La cérémonie d'ordination

Pâques 1945

Ce matin, 31 mars 1945, j'ai été ordonné prêtre en la cathédrale d'Annecy, avec sept camarades. Cette date concrétise le choix que j'ai fait en quittant les Chantiers, il y a deux ans. Ma vie désormais prend un sens. Me voilà prêtre de Jésus-Christ : demain je célébrerai ma première messe, dans l'église de mon baptême.

La journée a commencé tôt et il fallait être prêt de bonne heure, car la cérémonie s'annonçait longue. En ce jour, l'Église célèbre le Samedi saint ; elle veille en attendant la Résurrection du Christ et se prépare à la grande fête de Pâques. Mais cette veille se déroule le matin du samedi, elle commence même aux aurores. La cérémonie d'ordination s'est donc insérée dans la célébration liturgique de la vigile pascale : bénédiction du feu nouveau, chant de l'*Exultet*, lecture des prophéties, litanies des saints, bénédiction de l'eau, *Alleluia* de Pâques, évangile de la Résurrection, messe pascale. L'ensemble a duré près de quatre heures. C'est au cours de la messe que l'évêque m'a imposé les mains.

« *Resurrexi et adhuc tecum sum* », dit l'image-souvenir de mon ordination. (« Je suis ressuscité et je suis toujours avec vous. »)

*
**

Mes pensées, ce soir, me ramènent un peu en arrière. Tout s'est passé tellement vite qu'il faut maintenant faire le point. En quelques semaines, le supérieur du grand séminaire m'a proposé

L'abbé Claude Chatelain en 1945.

L'équipe de la « baraque de service » au groupe 5.

L'équipe de la « baraque de service » au groupe 5.

Le bar du foyer au groupe 5.

Quatre camarades d'une équipe des chantiers de jeunesse de retour d'une randonnée au Vercors.

L'abbé Chatelain au grand séminaire en 1942.

Les effectifs du grand séminaire d'Annecy en mars 1945

Assis au premier rang le corps professoral.

« *Resurexi et adhuc tecum sum* »

Auguste CHAMPANGE	Claude CHATELAIN
François BOUCHET	Fernand GARCIN
Aimé DELETRAZ	Joseph GARIN
Jean TABERLET	Georges SIMOND
	Jacques SUBLET

Pâques 1945

Image souvenir de l'ordination.

de « m'avancer aux ordres ». J'ai reçu le diaconat il y a quinze jours. Sous-diacre à Noël 1944, j'aurais dû, normalement, attendre Noël 1945 pour être ordonné prêtre. Cette précipitation et le choix inhabituel du Samedi saint pour une cérémonie d'ordination ont été motivés par un problème civil – ou plutôt : militaire.

En ce printemps, la France est libérée des armées allemandes et la guerre s'est portée aux frontières. Déjà se pose la question de l'occupation du territoire du Reich après l'armistice, et dans ce but, on parle d'appeler à l'armée les classes qui n'ont pas fait de service militaire. Au temps du gouvernement de Vichy, seule a subsisté une armée contingentée et surveillée, faite uniquement de volontaires. Encore cette armée a-t-elle disparu au moment de l'invasion de la zone libre par les Allemands. Les jeunes gens nés dans les années 1920, 1921, 1922, 1923, ont été incorporés dans les Chantiers de la jeunesse française. Ils sont donc concernés par un appel éventuel sous les drapeaux.

Le supérieur du grand séminaire, en accord avec l'évêque, a pensé qu'il valait mieux ordonner prêtres ceux qui risquaient d'être incorporés, pour éviter que se renouvelle la douloureuse expérience de ce jeune diacre mobilisé en 1939 au début de la guerre, fait prisonnier en 1940 avec tout son régiment et qui passa cinq longues années derrière les barbelés d'un stalag. Cinq années de présence active et chaleureuse auprès de ses camarades prisonniers. Mais cinq années où, malgré l'engagement total du diaconat (récitation du bréviaire, célibat ecclésiastique), il n'a pas connu la joie de la paternité sacerdotale : la célébration de l'Eucharistie, le don de l'absolution à celui qui vient se confesser à vous, l'onction ultime à celui qui va mourir.

***

Aujourd'hui j'ai quitté le séminaire, avec la conscience d'aborder un tournant de ma vie. Je tourne le dos à une éducation repliée sur elle-même, qui ne m'a nullement préparé au ministère à venir.

Quel sera mon avenir ? Vers quelle communauté du peuple de Dieu serai-je envoyé ? À moi de me prendre en charge.

Me revient en mémoire un détail apparemment anodin, mais à mes yeux tout à fait significatif.

Je suis allé faire mes adieux à des cousins d'Annecy, qui tiennent un commerce. Bien qu'en cette veille de Pâques, les clients, nombreux, les aient abondamment sollicités, ils m'ont ménagé le meilleur accueil, avec leur gentillesse habituelle. De fait, ils m'attendaient pour me féliciter et recevoir ma bénédiction de jeune prêtre. La joie était simplement partagée.

Au moment de prendre congé, j'ai lancé, mi-sérieux mi-goguenard : « Je vous laisse mon chapeau en souvenir. »

Et me voilà débarrassé de ce couvre-chef encombrant, signe d'un temps révolu. La guerre, et le brassage de société qu'elle a provoqué, l'ont emporté, pour le laisser sur un coin de table, bientôt rangé dans une armoire de grenier où il retrouvera ses confrères d'un autre âge : chapeau haut-de-forme, chapeau melon, chapeau de cérémonie ou chapeau d'apparat. Un chapeau de curé ! Il situe l'ecclésiastique aux regards de tous, au sein d'une société, et il accompagne la soutane au moment de sortir. On le prendrait pour un chapeau breton... En effet, il est rond, lui aussi, sur la tête. De chaque côté, les bords relevés de manière rigide lui confèrent un aspect particulier. Celui de l'évêque s'orne d'un ruban moiré qui l'enserre et qui laisse retomber sur l'arrière deux glands formant l'attache.

En soi, un chapeau n'a pas de valeur, et il serait ridicule d'en faire un symbole. Cependant, notre évêque s'est mis dans la tête d'obliger ses clercs à le porter... au nom d'un code social, d'une moralité publique, de la bienséance en somme. Il leur interdit le port du béret, car il le juge vulgaire et « démocratique » ! La contestation va s'emparer de ce fait pour signifier un changement de mentalité.

À la sortie du séminaire, le jeune prêtre n'est pas l'équivalent du religieux qui poursuit une vocation personnelle à la sainteté en se gardant du monde. Ce qui m'attend, c'est un peuple fait d'hommes et de femmes bien vivants et bien concrets ; c'est avec eux et au milieu d'eux que je vivrai mon sacerdoce.

Chamonix

En route

Début de l'été 1945

Chamonix ! Ce sera mon premier poste. Je lis et relis ma lettre de nomination. Vite ! Prendre contact avec M. le curé de Chamonix, dont je vais être le vicaire.

*
**

Il m'a répondu ; il m'attend sans retard : il n'a plus qu'un vicaire pour l'aider pendant la saison. Or juillet et août font le plein de touristes attirés par la célébrité de Chamonix, la capitale mondiale de l'alpinisme.

*
**

Découvrir Chamonix par une belle journée d'été : un émerveillement. Quand vous arrivez, la haute vallée vous ouvre ses portes et vous entrez comme dans un sanctuaire. Le spectacle est saisissant. Le regard parcourt les rampes de la montagne où s'étagent les forêts de sapins et les alpages, s'échappe en direction des glaciers qui cascadent jusque dans la vallée, pour aborder ensuite les sommets endimanchés de neige.

Au pas tranquille du petit train, la montagne déroule son panorama, lentement, comme à regret... Ou alors pour permettre de mieux le regarder ; pour l'apprivoiser, dirait le petit renard de Saint-Exupéry ! Qui sait ? De dômes en aiguilles, les yeux s'imprègnent d'une symphonie de formes et de couleurs – vert des sapins, tons fauves du granit, argent des glaciers, qu'harmonise, posé comme un écrin entre les sommets, le bleu parfait du ciel. C'est un tableau féerique. Le soleil l'illumine et fait briller chaque détail.

À la hauteur des Houches, le train suit la ligne tracée au pied de l'Endroit. Tous les voyageurs du compartiment se précipitent aux fenêtres de droite pour voir le mont Blanc. Je fais de même et tente de percer le mystère de tous ces sommets inconnus. Sans succès. Je ne vois pas de cime dominant royalement...

Mon confrère m'attend sur le quai de la gare. Il est accompagné d'un militaire qui n'est autre qu'un prêtre du diocèse dont la feuille de démobilisation n'est pas encore arrivée. Il m'accueille chaleureusement, avec de grandes tapes dans le dos ! Son rire est communicatif. Je le connais bien, car il est à peine plus âgé que moi. Il est arrivé ici il y a une année, après son ordination lui aussi. Il a fait là ses premières armes de vicaire. Cet accueil met de la joie au cœur ; je suis sûr que nous pourrons faire équipe tous les deux.

Et me voilà arpentant pour la première fois la rue de la Gare. Joseph, c'est le nom de mon collègue, me conduit au presbytère.

Premiers pas dans mon « Nouveau Monde »

Juillet 1945

Le curé de Chamonix, Louis Rhuin, me reçoit dans son presbytère. Son nom ne m'est pas inconnu : il paraît régulièrement dans les journaux, associé à ceux du maire de Chamonix et du président de la Compagnie des guides, lors des festivités de l'été, des inaugurations de refuges en montagne, et aussi des accidents qui endeuillent la population. Il faut dire qu'il a soixante-quatorze ans et que, arrivé à ce poste en 1920, il a su marquer de sa forte personnalité la paroisse et la commune de Chamonix.

Il me donne une franche poignée de mains et me souhaite la bienvenue. Sa figure voudrait exprimer un sourire d'accueil, mais son visage est déformé par une paralysie faciale. La bouche tire sur le côté, avec une lèvre tombante, et la paupière gauche suit le même mouvement. Il a été victime il y a quelques années, d'un accident cardio-vasculaire. Cela lui donne une physionomie un peu grimaçante. Le jeune prêtre que je suis ne se sent pas attiré d'instinct.

L'accueil paraît sincère, mais distant. La différence d'âge explique cette relative froideur dans les relations, mais aussi le fait que je ne suis pas le premier vicaire qu'il reçoit à Chamonix – loin s'en faut !

M. le curé m'indique mon logement : au deuxième étage, au niveau des greniers.

Premier aperçu des lieux.

Le presbytère est installé dans les murs de l'ancien prieuré bénédictin. La porte d'entrée, au linteau en arc de cercle, ouvre sur un couloir obscur. À droite en entrant, le parloir, pour recevoir le visiteur qui désire parler à un prêtre. À gauche, l'escalier de pierre donne accès aux étages. Sa sobriété lui confère un aspect monastique ; pour un peu, on s'attendrait à voir un religieux en descendre les marches. Tout au fond, la cuisine et la salle à manger. À l'étage se trouvent le bureau et la chambre du curé, la pièce où se tient le premier vicaire ainsi que deux chambres « à donner » pour les hôtes de passage, dont celle traditionnellement appelée la chambre de Monseigneur, prévue pour recevoir l'évêque quand celui-ci reste une nuit, et meublée en conséquence.

La pièce qui m'attend est grande... mais vide ! Je vais avoir à l'équiper d'un lit, d'une table de bureau, de quelques chaises et d'un fourneau. Le tout, le plus simplement possible, avec l'aide des paroissiens et de ma famille.

Outre les trois hommes qui composent la petite communauté du presbytère, le prieuré comprend une femme pour assurer le service de la cuisine et l'entretien de la maison. Je ne connais encore que son prénom : elle s'appelle Jeanne.

*
**

Déjà un coup d'indépendance, et pendant ma deuxième nuit seulement au presbytère !

Hier, mon collègue me dit : « Ce soir nous monterons aux Moussoux, tu feras la connaissance de Raymond Dévouassoux. »

Après souper, nous sortons tranquillement de la cure, sans dire où nous allons et sans demander la permission. De toute façon, elle ne nous aurait pas été accordée. Je rencontre cet homme sympathique, sa femme et ses enfants. Il a construit sa maison au village des Moussoux et tient une épicerie en ville. Chaque soir d'été, après avoir fermé le magasin, il fait la remontée jusque chez lui.

La soirée se passe très agréablement et il fait grand nuit quand nous redescendons la pente de la Mollard pour rejoindre le presbytère. Joseph sort sa clef pour ouvrir la porte d'entrée. Impossible de la tourner dans la serrure. Il comprend tout de suite : c'est Jeanne qui, en représailles, a bloqué la serrure en y enfilant, de l'intérieur, sa propre clef. « La garce ! » Nous voilà tous deux plantés devant une porte résolument close. Mais pas question de sonner : Jeanne serait trop contente, en nous ouvrant, de nous faire son sermon. Alors ?

Mon collègue a une idée. Il me fait signe de le suivre, derrière les salles de catéchisme ; de ce côté, le terrain est en surélévation. Si je lui fais la courte échelle, il pourra atteindre le grenier – c'est-à-dire le deuxième étage ; il lui suffira alors de pousser une mauvaise fenêtre, qu'il sait toujours mal fermée.

Aussitôt dit, aussitôt fait. Dos au mur, je joins les mains pour recevoir le pied de mon collègue. L'autre se pose sur mon épaule. Un rétablissement, et il retombe dans la place. À pas de loup, il redescend m'ouvrir la porte d'entrée.

Drôles de vicaires que nous deux ! Des paroissiens nous auraient vus ainsi en pleine nuit... ils nous auraient pris plutôt pour des collégiens en train de faire le mur ! Cette idée nous vaut un beau fou rire... Ensuite, au lit !

Ce matin, celui qui doit assurer la première messe est à son poste, le petit déjeuner se passe normalement. Personne ne souffle mot devant M. le curé de notre escapade nocturne et acrobatique.

*
**

Je fais monter de chez mes parents un fourneau à sciure : la sciure de bois ne coûte rien et fournit une bonne chaleur. Il suffit d'aller en remplir des sacs dans une scierie et de la stocker au grenier, bien au sec. Il faut déjà penser à l'hiver, alors que nous sommes en pleine saison d'été.

Le curé Rhuin dit en plaisantant : « Chamonix, neuf mois d'hiver, et trois mois d'enfer ! » L'enfer, c'est l'été, bien sûr, quand la belle saison déverse des flots de touristes.

Le chanoine Rhuin

LE CURÉ de Chamonix est de haute stature et possède un beau port de tête. La soutane, très propre, lui confère de la dignité et le grandit encore. Un camail noir recouvre ses épaules et ajoute à l'ampleur de l'homme. Pourtant, l'âge a déjà commencé son travail sournois d'amaigrissement (cela se devine sous la soutane), et il se voûte légèrement. Une paire de lorgnons en or lui pince le nez et fait office de lunettes. Sur la tête, la barrette noire avec ses trois cornes et son pompon.

Il a de la difficulté à parler, à cause de la déformation de sa bouche. Sa parole prend un rythme saccadé, où l'effort est constant pour articuler les syllabes et maîtriser le souffle de la voix. On sent l'homme de volonté et d'énergie. Il lui en a fallu d'ailleurs pour reprendre sa place dans la chaire de son église après son accident et s'adresser de nouveau à son peuple ! Ce moment a dû être pénible pour lui. Surtout qu'il était pourvu de talents d'orateur !

Les discours qu'il prononçait devant les guides rassemblés pour leur fête annuelle étaient écoutés religieusement par toute une foule de Chamoniards et de vacanciers. Ses allocutions dépassaient le cadre étroit de la vallée pour étendre au loin sa renommée de prédicateur. Chaque 15 Août, sa parole était attendue, et lui-même travaillait les phrases de son discours pour leur donner du style et de la force.

Voici un passage de l'allocution qu'il prononça le 15 août 1942, passage très caractéristique de sa pensée et de son style : « Un observateur superficiel risquera de s'imaginer que les guides de Chamonix sont renfermés et glacés, qu'ils manquent de flamme et de rayonnement ; mais il oubliera les richesses de leur cœur et les fleurs de leur esprit ; il ne saura pas découvrir l'amande sous l'écorce, et il ne comprendra rien d'une âme qui a la pudeur de ne pas s'étaler mais qui est aussi chaude et aussi vibrante que les plus expansives. Seulement, nos guides brûlent et vibrent en dedans. C'est leur manière à eux, et elle en vaut bien une autre. »

Ses difficultés d'élocution l'ont obligé à laisser à d'autres, à contrecœur certainement, le soin de prendre la parole en public à l'occasion de cette fête. Depuis, il invite dans cette intention un prédicateur de renom.

À son arrivée à Chamonix, en 1920, le curé Rhuin n'était pas *persona grata* auprès des notabilités du bourg et de certaines familles de la campagne. On le regardait, ainsi qu'on dit dans la vallée, comme un « étranger ». Il dut faire ses preuves, se faire admettre, et conquérir peu à peu le peuple qui lui avait été confié. Il lui arriva même une aventure, me dit-il en confidence : on lâcha les chiens sur lui, un jour qu'il faisait sa première visite dans un village ! Heureusement, il ne fut pas mordu : sa maîtrise de lui-même et sa bonne humeur désarmèrent les chiens et apprivoisèrent les habitants. Il en garde un souvenir amusé. Du reste, la chose ne se renouvela pas.

La vallée de Chamonix, sans être vraiment hostile à la religion, avait gardé un climat volontiers anticlérical. Est-ce dû aux luttes engagées par la vallée pour se débarrasser de la tutelle des chanoines de Sallanches au moment des Affranchissements, avant la Révolution ? Est-ce le fait d'opinions radicales provenant du temps de la séparation de l'Église et de l'État (dans la vallée, on trouve des prénoms rappelant l'époque révolutionnaire : Kléber, Marceau) ? Ou bien est-ce l'influence des relations entretenues depuis déjà de longues années avec des alpinistes anglais, genevois, américains, issus d'un monde bourgeois et incroyant ? Il est difficile de se prononcer.

En tout cas, le curé Rhuin réussit à prendre contact avec les hôteliers de l'époque et avec la Compagnie des guides ; il se fit admettre. Il s'inséra dans la vie de la cité, y apportant sa diplomatie et son talent d'orateur. C'est lui qui donna à la fête des Guides du 15 Août la splendeur de la cérémonie religieuse du matin, au cours de laquelle il prononçait une allocution de circonstance. Il bénissait ensuite les cordes et les piolets des guides. Il avait obtenu à cette intention une prière spéciale de la part du pape Pie XI et la nomination de saint Bernard de Menthon, l'homme du Grand-Saint-Bernard, comme protecteur des guides et des alpinistes. (On sait que ce pape, au temps où il était le cardinal Achille Ratti, évêque de Milan, était un passionné de la montagne ; il avait fait l'ascension du mont Blanc.)

Assez peu montagnard lui-même, le chanoine Rhuin ne manquait jamais l'occasion de se rendre à l'inauguration d'un refuge de montagne : le Couvercle, le Requin. À pied, et en soutane ! Il en conserve une certaine fierté. Il célébrait la messe, prononçait une allocution à la gloire de la montagne et de Dieu, et bénissait le refuge. Il jugeait que sa place, en tant que curé de Chamonix, était d'être là, présent au milieu des activités et des réalisations des hommes.

Louis Rhuin a été profondément marqué par la personnalité de Marc Sangnier, le fondateur du Sillon. Ordonné prêtre en 1894, il a été nommé curé de Seytroux en 1906. Jeune curé d'une paroisse de montagne en Chablais, il est enthousiasmé par ce mouvement qui veut réconcilier l'Église et la société civile, et qui, pour cela, prône la recherche d'un nouvel ordre social. Le maître-mot de ce mouvement d'inspiration chrétienne est « démocratie ». Le prêtre est invité à sortir de sa sacristie pour se mêler aux activités des hommes dans le domaine social. Il s'agit ni plus ni moins de faire connaître les valeurs de l'Évangile et de les mettre en action. Ainsi les hommes seront appelés à prendre en mains leurs destinées, échappant à la tutelle bourgeoise des milieux d'affaires et à la tutelle cléricale des milieux bien-pensants. Dans cet esprit, Louis Rhuin apporte son aide, entre autres, à la constitution de sociétés fruitières dans la vallée où il exerce son ministère.

L'Église voit tout cela d'un mauvais œil. Pour elle, les « abbés démocrates » se trouvent sur une voie de déviance : illusion que de vouloir allier démocratie et hiérarchie. Et la sanction tombe : le 25 août 1910, Rome condamne le Sillon. Les chrétiens et les prêtres doivent quitter ce mouvement. Marc Sangnier s'incline. Louis Rhuin, qui le connaît personnellement, lui écrit de se maintenir et de résister. La mort dans l'âme, tous acceptent la décision du chef.

Mais la délation a fait son œuvre. Tout prêtre qui a adhéré au Sillon ou qui, tout simplement, a manifesté de la sympathie, se trouve fiché, et son nom marqué à l'encre rouge. Tel est le cas de l'abbé Rhuin.

L'Église n'a fait que retarder une évolution irréversible. Une fois encore, elle se trouve du mauvais côté. Les idées de Marc Sangnier s'enfouissent dans le silence de l'obéissance et reparaissent au jour après la guerre de 1914. Elles donnent naissance à plusieurs souches qui portent des rameaux vivifiants, bouffées d'oxygène pour la société des hommes : *La Chronique sociale de France*, la philosophie d'Emmanuel Mounier : le personnalisme, le journal *L'Aube* de Francisque Gay. Elles préparent l'engagement des chrétiens dans la Résistance et dans le combat politique de l'après-guerre ; elles donnent naissance au M.R.P. (le Mouvement républicain populaire).

Avec la fondation de la Jeunesse ouvrière chrétienne, les abbés Cardjin et Guérin reprennent les idées de Marc Sangnier. L'Action catholique spécialisée veut aider les jeunes chrétiens à prendre en compte le milieu où ils vivent et où ils travaillent. Là est le Royaume de Dieu. C'est aux chrétiens de faire avancer ce Royaume : à eux de se prendre en charge !

Mais dans les années trente, le chanoine Rhuin a évolué et ne reconnaît pas les enfants que les travaux de Sangnier et de Mounier ont mis au monde. Il se trouve de l'autre côté de la barrière. L'âge, les responsabilités de curé, les honneurs de l'Église, et peut-être le fait d'avoir été « barré » autrefois font qu'il ne comprend pas la portée de l'Action catholique spécialisée.

Un jour, un prêtre, aumônier diocésain d'Action catholique, lui parle de J.O.C. parce que les hôtels de Chamonix emploient de jeunes ouvriers et ouvrières, à la saison, dans des conditions parfois difficiles. Louis Rhuin renchérit : sa paroisse a aussi grand besoin d'une J.M.C. (Jeunesse maritime catholique) ; et il cloue le bec à son interlocuteur désorienté : « À cause de la Mer de Glace ! »

Boutade probablement, comme on en prête volontiers aux personnalités marquantes. Mais qui traduit bien le fond de la pensée du chanoine Rhuin.

La mort en montagne

Juillet 1945

La nouvelle circule de bouche à oreille, avant d'éclore dans toute sa vérité : deux guides de Chamonix, le père et le fils, sont morts en montagne. Le client, lui, est sauf.

Jean et Gilbert Ravanel sont partis avec un Parisien pour l'ascension du Grépon par l'aiguille de Roc. Cette aiguille, adossée au contrefort du Grépon sur le versant de la Mer de Glace, est un monolithe de granit d'un seul jet. Cette course périlleuse n'est pas à la portée du premier venu ; elle ne révèle toute sa mesure qu'aux audacieux et à ceux qui maîtrisent l'art du rocher. Jean Ravanel est un guide entraîné ; il a pris avec lui son fils qui se prépare à devenir à son tour guide de montagne. Gilbert fait office de porteur, celui qui se charge du gros sac, avec une partie du matériel d'escalade. Il est là pour soulager le client et l'assurer au besoin. Le troisième de cordée est un auxiliaire précieux du guide lors des ascensions difficiles.

Le client, coincé sur une vire étroite dans une échancrure du rocher, en pleine paroi, a vu disparaître sous ses yeux ses deux anges gardiens. Ceux-ci l'avaient désencordé pendant qu'ils procédaient à la montée des sacs. Ils avaient besoin pour cela de toute la longueur de corde. La progression s'en trouverait ensuite facilitée. Jean avait grimpé en tête dans le passage difficile d'un dièdre et il se trouvait maintenant à bout de corde ; il s'apprêtait à se rétablir sur l'emplacement qu'il avait prévu. De là, il aurait hissé les sacs à l'aide d'une petite corde qu'il allait lancer à son fils.

Celui-ci attendait en surveillant attentivement la progression de son père le long du rocher. Les sacs reposaient à ses pieds.

À un moment donné, un faux mouvement, ou une prise mal assurée qui lâche, fait basculer Jean dans le vide. Un piton, planté dans une fissure de la roche aux deux tiers de la montée et portant un mousqueton où passait la corde, devait enrayer la chute, à corde tendue. En dessous, toujours sur ses gardes, Gilbert se serait arcbouté sur la corde et aurait assuré. Mais le piton, peut-être pas assez enfoncé, ou insuffisamment coincé, ne put supporter la traction et fut arraché brutalement. La corde n'était plus retenue. Alors le guide tomba de tout son poids à la renverse, et dans sa trajectoire, arracha son porteur de la vire étroite où il se trouvait. Les deux corps, liés l'un à l'autre par la corde, furent projetés dans le vide. La chute ne pouvait pardonner. La montagne unissait le père et le fils dans le même linceul, au bord de la rimaye.

Le client, demeuré seul sur sa vire et pris dans le brouillard, appela au secours à tous les échos de la montagne. Une cordée qui descendait du glacier de Leschaux pour rejoindre la Mer de Glace, l'entendit ; à son arrivée à Chamonix, elle le signala au bureau des guides.

Le guide-chef déclencha une caravane de secours pour délivrer le client de sa situation inconfortable et le ramener dans la vallée. Elle devait aussi relever les corps des deux guides et les descendre à Chamonix. Mais auparavant, le guide-chef avait une tâche malaisée à accomplir : apprendre à la femme de Jean Ravanel l'accident qui venait de la frapper doublement.

*
**

La sépulture des deux guides a lieu ce matin, en ce jour radieux où le soleil brille sur toute la chaîne des Aiguilles.

La mort est toujours triste, et l'accompagnement du prêtre qui célèbre l'office funèbre est empreint de gravité. Revêtu de la chape noire et entouré des enfants de chœur en soutanelle noire qui portent la croix et le bénitier, il va au-devant du cortège. Après la prière du *De Profundis* et l'aspersion du cercueil, le prêtre passe devant le corbillard et conduit le cortège à l'église. Il lui semble être le point où viennent battre les larmes et le chagrin de tous ceux qui accompagnent le défunt : parents, amis, voisins, connaissances. Il se sent chargé de confier ceux-ci à Dieu et d'intercéder en leur nom en faveur des défunts que l'on porte en terre. Le glas qui enveloppe la ville et la vallée résonne en lui et amplifie la conscience qu'il a de sa mission.

C'est la première sépulture que je célèbre. Heure de forte communion avec la vie des hommes et la miséricorde de Dieu.

Tout au long des rues de Chamonix, la foule des estivants et des curieux fait la haie pour laisser passer le cortège funèbre. Les guides encadrent le corbillard qui porte les deux cercueils. Ils sont tous là, revenus de course, pour accompagner leurs camarades. On dirait des soldats qui rendent les honneurs à l'un des leurs tombé au combat... et il y a un peu de cela ! Ce qui me frappe, c'est de lire sur leur visage plutôt la résignation que la tristesse. Ils connaissent le prix du combat contre la montagne et ils savent que la lutte est inégale. Tous, jeunes et vieux, habillés en drap de Bonneval, marchent bien alignés, comme à la parade ; ils portent les fleurs et les couronnes offertes. Le silence règne et tous communient dans la même pensée et la même compassion. Il n'y a pas de parole inutile, pas de démonstration intempestive. La solidarité face à la montagne rend le montagnard plus attentif aux gestes qu'aux paroles ; on le juge renfermé, il est plutôt intérieur. Peu causeur, parce que le silence est pour lui à la fois un refuge de l'âme et une façon de dialoguer avec cette montagne dont la présence est aussi silencieuse qu'obsédante.

L'office religieux débute par un cri d'appel à la miséricorde de Dieu et à l'aide de tous les saints : « *Subvenite sancti Dei ; occurrite angeli Domini...* », chante le prêtre au moment où le cortège entre dans l'église. « Venez, saints de Dieu ; accourez, anges du Seigneur. Prenez son âme et présentez-la devant la face du Très-Haut. »

Le corps des défunts est entouré de la lumière des cierges. Un silence poignant enveloppe toute l'assistance qui se recueille dans le souvenir et la prière.

La messe est suivie de l'absoute. Au moment de quitter l'église pour se rendre au cimetière, le prêtre entonne le chant d'espérance : « *In paradisum deducant te angeli, in tuo adventu suscipiant te martyres...* (Que les anges vous emmènent au paradis, et qu'à votre arrivée les martyrs vous accueillent et vous introduisent dans la cité sainte de Dieu, Jérusalem.) »

Le cortège traverse une seconde fois la ville ; le cimetière se trouve derrière la gare. Les stèles de granit signalent les tombes de ceux qui sont morts en montagne ; elles sont nombreuses, à commencer par celle de Whymper. Les corps de Jean et de Gilbert sont descendus dans la fosse ; une dernière prière du prêtre les accompagne. Nous quittons le cimetière, mon confrère et moi, laissant la foule s'écouler devant la tombe. La famille se range à l'extérieur pour recevoir les honneurs et les condoléances.

Nous rentrons au plus court, en empruntant la passerelle qui surplombe la voie ferrée de la S.N.C.F. et qui donne accès à la gare de Montenvers. Nous y croisons un guide qui n'a pu aller au cimetière, parce qu'il a dû se rendre chez lui au sortir de l'église, pour se changer, prendre sac, corde et piolet. Il part en train retrouver le client qu'il doit emmener en course demain. Nous échangeons deux mots. Mon confrère le connaît bien. Son visage est grave, il pense à la mort de son camarade, et pourtant il continue !... « Que voulez-vous, dit-il, la vie n'attend pas. La montagne est toujours là. Il faut repartir. » « Bonne course ! » lui souhaitons-nous. Je le regarde s'éloigner ; il va reprendre un combat jamais terminé, pour permettre à son client de découvrir et d'aimer la montagne.

Oui, la vie l'emporte toujours sur la mort, et chacun passe ou reçoit le témoin dans cette course de relais.

« La Jeanne » et consœurs

AU PRESBYTÈRE, Jeanne est d'abord au service de son curé : c'est lui qui l'a embauchée et qui la rémunère. Elle prend soin de son linge, ainsi que de son bureau et de sa chambre. Les vicaires sont en supplément ; elle ne leur doit rien, si ce n'est les repas, qu'elle leur prépare. Les rapports entre les vicaires, toujours un peu chahuteurs du fait de leur jeunesse, et la bonne du curé, un tant soit peu pincée, ne sont jamais au beau fixe. Les histoires se colportent volontiers au delà de la vallée : chaque ancien vicaire y met son grain de sel. Ainsi nous voilà plus ou moins prévenus à l'égard de « la Jeanne », comme on dit.

Elle est venue des Houches, la commune voisine, pour apporter son dévouement au curé de Chamonix. Car il s'agit bien de dévouement : le salaire qu'elle touche de son curé se monte à peu de choses. Il lui suffit à peine pour s'habiller. Aussi ne fait-elle guère de frais de toilette. Vêtue d'une robe grise mal coupée et mal ajustée, elle ne peut pas inspirer les tentations de la chair aux jeunes abbés que nous sommes. D'ailleurs, elle se cantonne dans ce qui est son domaine : la cuisine, pièce sombre et humide, située au nord et à l'abri des rayons du soleil. Elle n'a pas une vie très gaie. Toute son existence n'est qu'abnégation ; sa vie de célibataire, de vieille fille, ne l'aide pas à s'épanouir. Elle est souvent revêche. Elle défend les intérêts de son curé par sa parcimonie dans la nourriture.

J'avais déjà connu une Jeanne à la cure de mon pays natal. Elle régentait son curé et voulait faire de même avec le vicaire ; comme celui-ci ne tenait pas à se laisser faire, les heurts fréquents engendraient des disputes homériques. Fine cuisinière, elle avait à cœur de bien traiter les hôtes de son maître. Cette compétence lui assurait son autorité sur toute la maison ; heureusement, elle ne commandait pas à l'église ! Elle était de ces bonnes de curé dont les mauvaises langues brocardent la mainmise. « La première année qu'elles passent au presbytère, quand elles parlent du poulailler domestique, elles disent respectueusement : "les poules de M. le curé" ; la deuxième année, elles disent : "nos poules" ; et la troisième année : "mes poules"! »

Notre Jeanne de Chamonix est un peu de ce genre, même si elle n'a pas de poulailler !

Au confessionnal

DANS la pénombre du confessionnal, j'attends la venue des pénitents et pénitentes avec émotion, le sentiment d'une lourde responsabilité et la conscience plus que jamais aiguë de n'être qu'un tout un jeune vicaire.

Il ne s'agit plus de taper dans un ballon avec les enfants du catéchisme ou du patronage ! Le prêtre ici tient la place du juge, du médiateur, du conseiller face à des hommes, des femmes, des personnes âgées... qui me laissent plongé dans l'étonnement : comment peuvent-ils dévoiler ainsi leur vie secrète ? L'état de prêtre, et cela seulement, leur donne entière confiance. (Je ne vois que le médecin, à qui l'on remet son corps et sa vie, pour susciter le même élan.) Comment peuvent-ils en attendre réconfort et absolution ?

Je porte une grande attention à ce ministère. L'important est d'accueillir celui ou celle qui vient se confesser – quels que soient sa situation, son âge, les péchés dont il s'accuse. Il faut qu'il se sente écouté et compris, savoir lui donner une parole personnelle et encourageante. Proscrire le monologue du confesseur qui débite un sermon plus ou moins stéréotypé.

Le grand séminaire nous donnait, en ce qui concerne le sacrement de pénitence, un enseignement fondé sur des cas de morale : il y en avait toute une série, dûment numérotés, censés nous initier à la casuistique. Il s'agissait de différentes situations où se trouvaient en jeu la morale conjugale, la justice à l'égard du prochain, l'attitude à l'égard de l'Église, la vie de foi. Base probablement nécessaire à la formation, comme toute scolastique, mais qui ne laissait pas de place à l'étude psychologique. C'est ce qui manque le plus. Je m'en rends compte maintenant.

On cite volontiers la boutade d'un éducateur : « Pour enseigner l'anglais à John, que faut-il mieux connaître : l'anglais ou John ? » Et l'éducateur de répondre : « Il faut connaître John. »

La place du confessionnal dans une église ne prédispose pas à une rencontre humaine et spirituelle. Il est souvent situé dans un recoin obscur, près de la porte d'entrée. Impossible d'y assurer le silence et la discrétion nécessaires à l'échange. À Chamonix, heureusement, les confessionnaux se trouvent dans les chapelles latérales de l'église ; ils sont bien en vue et suffisamment éloignés des bancs des fidèles pour garantir assez efficacement le secret. En outre, l'attitude du pénitent ne facilite pas un échange ouvert : il est à genoux plus ou moins inconfortablement, dans un local étroit et sombre. Il n'a souvent qu'une envie, je le sens : ressortir de là le plus vite possible, aux moindres frais, libéré et pardonné.

La grille qui sépare le pénitent du confesseur répond à un double but : d'une part, protéger la vertu du prêtre contre la proximité d'un visage féminin, et d'autre part, assurer à celui ou celle qui vient se confesser une discrétion libératrice. Mais cette discrétion peut devenir un masque. Et derrière ce masque, c'est parfois l'anonymat qui prévaut. Dommage ! En fait, beaucoup de confessions ne sont que le déroulement d'un catalogue de fautes qui égratignent à peine l'être et ne portent pas à la contrition. Que devient alors l'absolution ?

Il reste que les heures de confession ne sont pas toujours adéquates. Le samedi après-midi, en temps ordinaire, laisse une marge de manœuvre qui facilite l'échange et la prière tranquille. Mais trop peu de personnes profitent de cette possibilité. La plupart attendent les veilles de fête pour se confesser : Toussaint, Noël, Pâques. C'est alors la ruée auprès des confessionnaux, chacun repoussant après la journée de travail le moment de se rendre à l'église. Ces confessions se trouvent bâclées parce que l'heure tourne et que la queue s'allonge. On ne peut s'attarder pour ébaucher, même modestement, une recherche personnelle, une prise de conscience de soi et pour accomplir véritablement une remise de sa vie entre les mains de Dieu. Le plus pénible en l'occurrence est de passer de l'un à l'autre en quelques minutes, d'un homme à une femme, d'une grand-mère à un jeune ou à un enfant. Il faut constamment adapter son attention au discours et à la psychologie de celui ou de celle qui se présente. Ce rétablissement psychique met les nerfs du prêtre à rude épreuve, particulièrement lors des veilles de fête.

Heureusement, tout n'est pas que parodie. J'ai aujourd'hui au confessionnal une grand-mère dont la confession est limpide. Au lieu d'une accusation banale, qui ne laisse prise à aucune parole vraie, elle me parle des difficultés de sa vie, de l'entente avec ses proches, de son caractère vif, de la peine qu'elle a à faire une place à la prière. L'échange qui suit permet une meilleure compréhension réciproque. Avant de quitter le confessionnal, elle me dit : « Merci, mon père. » Cette petite phrase me fait chaud au cœur, car elle sort de la routine qui me transforme en simple distributeur d'absolutions. Il y a eu une rencontre en profondeur et en vérité. Elle a dû ressentir quelque chose de semblable, car je la vois, une fois qu'elle a quitté le confessionnal, s'approcher de sa fille qui attend son tour et lui dire un mot à l'oreille. Elle va ensuite prier tranquillement et faire sa pénitence. Et quand j'ouvre le *trappolet* ménagé dans la grille de communication, je vois tout de suite que cette femme d'une quarantaine d'années est disposée, elle aussi, à un échange sincère. Envisagée ainsi, la confession atteint un haut degré de communication entre deux êtres. Le prêtre s'y trouve immédiatement à l'aise et le chrétien y puise une force de libération qui lui permet de faire croître sa vie. La confession lui permet de devenir adulte.

*
**

Un samedi après-midi qui sort de l'ordinaire.

Une jeune femme se présente au confessionnal. « Mon père, murmure-t-elle, je me suis mariée il y a un mois, et je m'accuse d'avoir commis l'acte conjugal avec mon mari. Plusieurs fois. » Je l'arrête dans son acte d'accusation et lui fais remarquer qu'il n'y a pas là matière à péché. L'acte conjugal est un acte d'amour tout à fait normal entre mari et femme. Ce n'est pas parce que cet acte d'amour est un acte sexuel qu'il doit être assimilé à un péché. Elle en est restée à la lettre du catéchisme de son enfance ; pour elle, d'après ce qu'on lui a enseigné, tout acte sexuel est empreint d'impureté, donc de péché. Elle doit s'en confesser, même si en mariage on ne peut faire autrement pour avoir des enfants. Après notre conversation, je la sens libérée et heureuse ; cet échange, au moment d'une confession, lui permet d'abandonner une approche infantile de sa situation et de prendre la responsabilité de sa vie.

À l'avenir, ses examens de conscience porteront sur d'autres points.

L'abbé et les jeunes filles

Automne 1945

Quand je suis arrivé ici, le curé Rhuin m'a dit : « Votre collègue s'occupe des jeunes gens. Vous prendrez en charge les jeunes filles. » Tout simplement parce que c'était la part du vicaire que je remplaçais. Et naturellement, cela me revenait !

Le séminaire ne donnait pas de cours de psychologie (pas plus d'ailleurs masculine que féminine). Il se chargeait de former l'homme qui lui était confié. Quant à la femme, elle était « l'autre », celle dont on parle le moins possible parce qu'il faut la craindre. Nos maîtres essayaient par là de justifier le célibat qui est demandé aux prêtres. Je me rappelle encore les causeries spirituelles du supérieur.

Joseph, mon collègue, n'a pas eu le droit d'établir la J.O.C. à Chamonix : elle est *persona non grata* dans l'esprit de notre curé. Alors il tourne la difficulté en formant une « J.C.C. » (Jeunesse catholique chamoniarde). De nombreux jeunes viennent aux rencontres, participent aux réunions et aux différentes activités. Une solide amitié s'instaure entre eux ; elle va les aider à grandir et à vivre en chrétien dans toute leur vie.

La paroisse compte également beaucoup de jeunes filles, au bourg et dans les villages. La plupart travaillent comme employées de commerce, dans des bars ou dans la restauration – soit à l'année, soit à la saison. Deux se préparent au monitorat de ski. Trois donnent la main à leurs parents à la ferme. Très peu choisissent l'hôtellerie, où le travail est assez dur. Pour les emplois de femmes de chambre, filles de salle ou de cuisine, on recrute plutôt à l'extérieur de la vallée.

*
**

La saison d'été est terminée, Chamonix reprend son aspect de grand village au pied du Mont-Blanc. Je rencontre quelques jeunes filles pour organiser avec elles notre programme. Les réunions sérieuses alternent avec des rencontres amicales plus élargies à l'occasion d'une fête, d'un anniversaire, de la soirée des Catherinettes, etc. Je profite de ces soirées-détente pour bavarder discrètement avec l'une ou l'autre ; il suffit de se tenir un peu à l'écart pendant que les autres filles dansent. Bien sûr, à ces soirées, aucun garçon n'est invité. Je suis toujours étonné de me voir en soutane évoluer librement au milieu d'un groupe de jeunes filles en train de danser !

*
**

Il faut dire qu'à Chamonix cette action catholique des jeunes filles se trouve facilitée par la présence de l'école libre Jeanne d'Arc, avec, à sa tête, une femme remarquable en la personne de sœur Roselyne. Elle sait accueillir et écouter. D'ailleurs, les rencontres se font dans une des salles de l'école. Pour moi également, sœur Roselyne est d'un précieux secours. Elle m'aide à comprendre la psychologie féminine.

Pastorale et monde contemporain

Automne 1945

Un livre vient de nous arriver : *La France, pays de mission ?*, des abbés Godin et Daniel. Il a paru en 1943 aux Éditions du Cerf, mais les difficultés nées de l'occupation et de la guerre ont retardé sa distribution dans le reste de la France. Pourtant, avant de l'avoir en main, nous savions déjà que c'est un livre prometteur. Le séminaire nous a fermés à la vie réelle et ne nous a pas donné une formation à la pastorale adaptée au monde d'aujourd'hui. Aussi ce livre va-t-il sûrement devenir le bréviaire du jeune vicaire que je suis.

Tout n'y est pas à prendre à la lettre : Henri Godin parle de Paris et de sa banlieue, en particulier de la banlieue déchristianisée. Mais sa pensée m'aide à rejoindre les jeunes dans leur vérité concrète. C'est à partir de leur vie quotidienne que je pourrai leur annoncer le Christ. Il ne suffit pas de leur enseigner une religion, il ne suffit pas non plus de la leur faire pratiquer : il faut être présent à leur vie.

Un thème revient tout au long de ce livre, que résume cette image : il est inutile d'aller à la pêche à la ligne pour faire de la pastorale aujourd'hui, il vaut mieux changer l'eau du vivier. Qu'on le veuille ou non, la société ne correspond pas à la chrétienté, et tous les discours n'y changeront rien.

Ce thème est repris par une revue éditée par l'Action catholique ouvrière : *Masses ouvrières.* Comme *La France, pays de mission ?*, chaque numéro m'apporte une moisson de faits et de pensées qui m'aident à ajuster ma pastorale aux besoins des gens. Elle me montre le Christ à l'œuvre dans chacune des personnes rencontrées. Elle est pour moi un outil de réflexion et de pédagogie. La manière dont je conçois ma présence de prêtre lui doit beaucoup.

La Joséphine Simond

Elle tient une herboristerie dans la rue du Docteur-Paccard, à proximité de l'hôtel des Alpes, en plein cœur de Chamonix. On dirait que sa boutique a été oubliée là au moment de la transformation du quartier. Mais c'est que Joséphine Simond ne veut pas entendre parler de modernisation : « Après ma mort, ils feront ce qu'ils voudront ! »

La propriétaire des lieux est à l'image de sa boutique. Une fois que vous avez passé la porte d'entrée (un timbre métallique signale votre arrivée), vous découvrez une personne entre deux âges, petite et déjà bien courbée, habillée de noir. Joséphine ne s'est pas mariée, mais deux passions l'animent : les fleurs médicinales de montagne et la presse catholique. Elle relève un peu la tête pour vous fixer d'un regard pointu derrière ses lunettes. Elle ne cherche pas à vous être agréable : c'est tout juste si vous n'avez pas l'impression que vous la dérangez dans son travail. Elle était certainement en train d'empiler et de ficeler une liasse de journaux, les invendus du dimanche, qu'elle entrepose dans son arrière-boutique. L'argent qu'elle retirera de la vente de ces vieux papiers ira à l'œuvre de la Bonne Presse.

Joséphine Simond est restée vieille fille (elle en est presque fière d'ailleurs). Ce qui n'enlève rien à son dévouement, ni à sa qualité personnelle. Le tempérament chamoniard, qu'elle a hérité de ses parents, est simplement devenu plus rugueux, plus revêche même. Elle affirme son indépendance et clame haut et fort qu'elle ne doit rien à personne.

Elle n'a pas sa pareille pour connaître les fleurs de montagne. Quand la saison est venue et avant l'arrivée des touristes, elle part cueillir, aux endroits qu'elle sait propices, la pensée de montagne, la camomille à sept têtes, la véronique et la sarriette des Alpes, le thym serpolet, l'armoise des glaciers. Elle chausse ses bottines qu'elle lace précautionneusement en remontant le long de la cheville ; une robe de serge grise et un chapeau sans forme complètent son habillement. Et par-dessus, un sac de montagne contenant tout son nécessaire. Si la distance n'est pas trop grande, elle enfourche sa vieille bicyclette de mode anglaise ; le guidon bien haut lui relève la taille. Autrement, elle prend le train jusqu'à Argentière, à Montroc, à la gare du Buet ou à Vallorcine. De toute façon, elle continuera à pied pour gravir le sentier le long de la moraine, traverser les mélèzes, et rejoindre le coin recherché.

La pensée de montagne, telle une belle violette largement épanouie, est abondante le long des pentes ; elle profite du moindre coin herbeux pour s'implanter et s'épanouir au soleil. Une fois séchée, elle donne une tisane parfumée qui combat la toux et les refroidissements.

Joséphine Simond trouve la camomille à sept têtes dans la vallée de Tré-les-Eaux, sur le territoire de la commune de Vallorcine. Cette dépression, encastrée entre le massif du Buet et l'aiguille de Loriaz, s'ouvre sur la vallée de Bérard. Sa situation et son orientation en font le paradis des fleurs de montagne. Sous le Buet, au milieu des schistes et des éboulis, se cache le genépi ; il faut vraiment le dénicher. Mais cette face du Buet est très *pentue* ; seuls quelques téméraires s'y aventurent. Le vallon de Tré-les-Eaux, à l'écart et ignoré des touristes, est aussi le paradis de la faune de montagne ; les chasseurs de Vallorcine le savent bien.

Toutes ces fleurs séchées embaument le magasin des senteurs de la montagne. À côté, un aimable fourre-tout présente tous les objets de toilette que peut offrir une herboristerie. Entre autres, un rayon de rouges à lèvres. Ce n'est pas que la propriétaire des lieux y tienne... Elle qui n'en consomme pas voudrait que toute femme honnête puisse s'en passer ! Mais voilà, une commerçante se doit de procurer à sa clientèle ce que celle-ci désire. Les jeunes filles de Chamonix viennent à quelques-unes pour faire enrager Joséphine ; elles demandent un rouge à lèvres, en précisant bien, mi-figue mi-raisin : « Un rouge-baiser, parce qu'il ne laisse pas de trace et ne tache pas ! » Du coup, explosion de colère de la boutiquière : « Vous n'avez pas honte ! » Les jeunes filles pouffent de rire et s'empressent de déguerpir. Mais Joséphine n'est pas rancunière.

Autre bête noire de Joséphine : les jours de mauvais temps durant la saison d'été. À Chamonix, le plafond des nuages écrase alors la vallée, dissimulant les sommets et interdisant toute sortie en montagne. Les touristes, désœuvrés, errent dans les rues de la ville. Pour tuer le temps, les hommes s'installent au bar et les dames font du lèche-vitrines. Elles entrent dans le magasin, farfouillent dans les présentoirs, marchandent sans aucune intention d'acheter, discutent et papotent. Il n'y a rien de tel pour énerver notre Joséphine. Pourtant, elle se contient du mieux qu'elle peut : déontologie commerciale oblige.

Le curé du Christ-Roi

Le révérend Claude Delassiat est curé des Houches depuis 1926 ; originaire de Mieussy, il a maintenant soixante-quatre ans. Sa notoriété dépasse les limites de sa paroisse, car il a eu l'idée de faire ériger, face au massif du Mont-Blanc, une statue du Christ-Roi. A cet effet, il a repéré un escarpement rocheux en contrebas de Coupeau, et il a demandé à un sculpteur parisien, Georges Serraz, de lui dessiner et d'édifier une majestueuse statue en béton armé.

Son projet a pris forme ; si bien que depuis 1934, on peut voir un Christ géant dont le bras tendu indique la direction du Mont-Blanc. On accède au site par une route carrossable ; à l'intérieur, un oratoire est ouvert aux fidèles qui veulent s'y recueillir, et un escalier permet d'atteindre une terrasse posée sur le sommet de la statue, et isolée du vide par la couronne royale qui orne la tête. De là, le visiteur peut contempler le spectacle du massif montagneux qui s'offre à ses yeux.

Le bon curé pense ainsi servir l'extension du règne du Christ dans le monde selon le souhait du pape Pie XI : « *Instaurare omnia in Christo* (Tout restaurer dans le Christ). » Le pape a ainsi demandé qu'une fête en l'honneur du Christ, Roi de l'univers, soit célébrée le dernier dimanche d'octobre de chaque année. Cette statue se veut un hommage au Christ-Roi dans une vallée où le monde entier se donne rendez-vous pour escalader ou contempler la montagne.

À partir du moment où l'idée a germé en lui jusqu'à l'achèvement de son œuvre, l'abbé Delassiat a travaillé sans arrêt pour intéresser à son entreprise ses paroissiens, les chrétiens de Haute-

Savoie et de France, les personnalités les plus diverses. Malgré le jugement défavorable de ses confrères de la vallée, il n'a pas dévié d'un pouce de la ligne qu'il s'est fixée. Il a avancé pas à pas, sourd aux critiques qui lui étaient faites ; il me fait penser à la devise latine de Bossuet : « *Bos suetus aratro* (Tel un bœuf attaché à la charrue). »

À l'opposé du curé parisien – souliers vernis, soutane impeccable et taille élancée –, l'abbé Delassiat est le type même du curé de campagne : l'allure massive et la démarche lourde, de gros souliers aux pieds pour se maintenir solidement sur le sol, une tête large et épanouie, surmontée d'une chevelure broussailleuse. Sa figure est animée par deux yeux qui pétillent de malice et de bonté. La soutane habille cet homme râblé à l'esprit délié et finaud. Il ne sort jamais sans son inséparable sacoche de cuir noir, comme en avaient l'habitude les curés ses prédécesseurs. Il y transporte images et tracts pour faire connaître sa statue.

Il a reçu quantité de dons en argent de la part de personnes enthousiasmées par son initiative. Il a touché non pas le monde des riches et des puissants, mais celui des humbles et des gens modestes. Il lui en a fallu collecter, de ces petites sommes, pour arriver au bout de sa peine ! Et en même temps, ce curé, à qui on aurait presque fait la charité en le rencontrant dans une rue de Chamonix ou d'Annecy, entretenait une correspondance avec le monde entier. Pas un petit don qui ne valût en retour une lettre personnelle pour confirmer la réception de l'envoi, dire ses remerciements, ajouter une image du Christ-Roi pour susciter la prière... et un tract avec mention du C.C.P. encourageant un autre versement éventuel. Il a la tête très haut dans le ciel, comme sa statue, et les deux pieds bien sur terre. Aucune lettre ne part de sa cure sans que, avant de la cacheter, il ne demande à Gabrielle, sa gouvernante, de la peser ; et si le poids n'atteint pas les vingt grammes, limite pour un affranchissement ordinaire, il lui fait ajouter tract, dépliant, image. Il ne faut rien perdre, ni de son temps, ni des possibilités offertes.

Le règne de Dieu est sa passion, et, en bon paysan, il enracine ce règne dans la terre des hommes. Il a son Christ-Roi dans la tête, et peu lui chaut qu'on le critique : il poursuit son œuvre jusqu'à son achèvement. Les touristes qui arrivent dans la vallée en voiture remarquent à peine la statue ; ils se demandent même, au premier abord, ce que c'est. Mon ancien chef d'équipe aux Chantiers est venu me rendre visite à Chamonix : il a pris ce monument pour un château d'eau ! Comme il est protestant, j'ai eu du mal à lui expliquer le sens de cette statue ! Son style moderne, tel que l'a voulu Georges Serraz, en lignes droites et géométriques, désarçonne le touriste. Et bien qu'elle mesure près de vingt-cinq mètres de haut, elle reste écrasée par l'ampleur de la montagne ; elle fait petite taille à côté de la majesté du Mont-Blanc. Elle ne se détache pas dans le ciel comme le Christ de Rio de Janeiro au sommet du Corcovado. Mais le mot latin « *Pax* » (en français « Paix ») est inscrit en grosses lettres dans la pierre, visible de loin.

Pour donner plus de rayonnement à son œuvre, et l'étendre aux dimensions du monde, il a fait construire près de la statue un campanile qui abritera un bourdon. Il a prévu une cloche d'un certain poids qu'il baptisera la cloche de la Paix. « Elle sonnera, dit-il, pour la Paix dans le monde et pour les morts des deux guerres. »

Il fourmille d'idées pour faire connaître son œuvre et attirer les bienfaiteurs. Le touriste qui arrive par le train en gare des Houches, l'été, ne peut voir la statue ; mais il tombe sur un ecclésiastique armé d'une grosse sacoche bourrée de documents, qui déambule le long du convoi et apostrophe chacun. Il vante aux vacanciers les mérites du village des Houches, signale qu'à Chamonix il y a trop de monde en ce moment, qu'il ne reste plus de place pour les accueillir. Il distribue par la fenêtre ouverte toute la documentation concernant la statue du Christ-Roi et la cloche de la Paix... et les possibilités de séjour aux Houches !

Cette attitude bonhomme a le don d'agacer le curé de Chamonix. Celui-ci n'a jamais été partisan de réalisations grandioses de ce genre ; il a gardé de sa rencontre avec le Sillon la conviction que la présence du Christ est enfouie dans les esprits et les cœurs à la manière du grain de blé mis en terre. L'avancée du Royaume de Dieu n'a rien à voir avec des constructions en béton, mais dépend plutôt d'un changement d'esprit et de mentalité. Aussi reçoit-il un peu fraîchement son confrère ; il lui dit, pour faire un bon mot comme il en a l'habitude : « Claude, f... nous la paix avec ta cloche de la Paix ! » Cette petite pique ne démonte pas le curé des Houches.

Il n'a trouvé aucune autorité ecclésiastique diocésaine pour inaugurer et bénir son bourdon. L'évêque, qui avait manifesté son désaccord, n'a pas voulu se déranger. Aussi le brave curé a-t-il invité un chanoine qu'il connaît bien, parce qu'il l'a rencontré lors d'un séjour d'été aux Houches, et qui lui ressemble, la truculence en plus : le chanoine Kir, député-maire de Dijon. La notoriété du chanoine a mis le sceau à cette cérémonie d'inauguration.

Le temps que l'abbé Delassiat a passé pour mener à bien son entreprise, sans retenir aucune somme d'argent pour lui-même, l'a mis en contact avec la personne de Jésus-Christ. Il en est devenu l'humble familier. Il faut le voir porter le Saint-Sacrement lors de la procession, le jour de la fête du Christ-Roi aux Houches ! L'ostensoir n'est pas d'abord à ses yeux un objet sacré qu'il faut porter précieusement et modestement. Non, l'ostensoir et lui sont plutôt deux amis qui se connaissent assez maintenant pour apprécier d'être ensemble. Alors, pourquoi garder une attitude guindée du moment que tout est fait pour Lui ? Et le voilà encourageant les chantres et les chanteuses à donner de la voix, grondant les enfants de chœur, disant un mot de sympathie pour saluer quelqu'un, et invitant la chorale voisine, venue rehausser la fête, à prendre le verre de l'amitié à la cure, après la cérémonie.

Je crois bien que j'ai rencontré un saint.

Les vertus des simples

J'EN PARLE d'expérience : la camomille de montagne est un remède efficace... et agréable ; elle n'a rien à voir avec sa cousine, la camomille des jardins ; autant cette dernière est amère à boire, autant celle-là est douce et parfumée.

La nourriture à la cure de Chamonix ne me convient pas. Son insuffisance nous oblige, mon collègue et moi, à trouver le moyen de manger en dehors des repas : pour « faire les dix-heures », le matin, nous avons installé, dans un placard de ma chambre, un réchaud sur lequel nous pouvons cuire des œufs au plat ; certains jours, nous trouvons une table accueillante à la cuisine de l'école libre où sœur Roselyne, la directrice, nous prépare un vrai repas. Quand on a vingt ans, la faim n'attend pas !

La pauvreté de notre ordinaire, ainsi qu'une mauvaise préparation, me donnent des brûlures d'estomac.

Je me rends chez la Joséphine Simond ; elle me remplit un cornet de camomille à sept têtes. Je dois faire bouillir ces têtes dans l'eau et boire la décoction dans la matinée, avant de manger. Cette médecine douce réussit à me retaper.

Le greffier en sabots

UN BRUIT de sabots sur l'asphalte de la chaussée, alors qu'il faisait encore à peine jour. « Qui se promène en sabots de si grand matin ? – C'est le greffier. – Et où va-t-il de si bonne heure ? – Il va à la messe. »

Un greffier du tribunal qui va à la messe en semaine ne doit pas être monnaie courante dans le monde de la justice... Mais celui-ci...

D'ailleurs, si vous le croisiez dans la rue, vous étiez tenté de le prendre plutôt pour un confrère du Tiers-Ordre de Saint-François. Chaussé de ses galoches de bois, il s'entourait d'une grande pèlerine dont il rabattait le capuchon sur la tête pour se protéger du froid de l'hiver. De sa figure, on ne voyait plus que la barbe qui mangeait le visage, et deux yeux qui vous regardaient, parfois d'une façon impertinente.

Il était fidèle à la messe en semaine comme à celle du dimanche. Quand vous le rencontriez chez lui, il n'hésitait pas à vous dire son opinion sur le déroulement de la liturgie, sur la façon que vous aviez de célébrer la messe et de prêcher. Non qu'il voulût jouer à « Gros-Jean qui en remontre à son curé » ! Cela faisait partie chez lui de sa spontanéité.

Mon père occupait le même poste que lui au greffe du tribunal de son canton. Ils se connaissaient assez peu, car mon père n'aime pas se rendre aux réunions de la chambre départementale des greffiers. En outre, entre Seyssel et Chamonix, la distance ne favorise pas les rencontres. Mais ce fait me permit d'entrer rapidement en relation avec lui. J'aimais le rencontrer et bavarder en toute discrétion. « L'abbé, disait-il, ça, c'est bien », ou alors : « Ça, c'est moins bien ! »

Étranger à la vallée, il s'était établi à Chamonix pour la santé de sa femme. Couple assez peu ordinaire, pourtant : on n'aurait pu dire s'ils étaient vraiment mari et femme. Ils avaient associé leur volonté personnelle de vivre chacun leur vocation. Ne pouvant vivre seuls dans le monde, et ne désirant pas pour autant entrer en religion dans un monastère ou dans un couvent, ils avaient décidé de s'aider mutuellement pour répondre à l'appel qu'ils sentaient que Dieu leur adressait. Ils n'avaient pas fait de vœux religieux ; ils pratiquaient cependant la chasteté tout simplement, par respect l'un pour l'autre. C'était pour eux un choix de vie.

Mais qui l'aurait deviné, parmi ceux qui ne les fréquentaient pas ? Si elle était plus discrète, probablement en raison de sa santé toujours fragile, lui parlait volontiers ; il avait l'habitude du prétoire de la justice de paix. Et il plaisantait volontiers. Il était aussi bavard à la maison qu'il était silencieux à l'église.

Jusqu'ici, ils vivaient en location. Pensant à leurs vieux jours, il avait conclu un contrat en viager avec une demoiselle plus toute jeune, qui possède une maison au bourg. Qui dit viager, dit attente. Notre greffier attendait donc la disparition de la propriétaire, qui lui donnerait la possession effective de la maison.

Un jour, il m'avait dit, mi-plaisant, mi-sérieux : « Je me demande ce que je vais faire au décès de Mlle A... Si je vais à la messe de sépulture, on commentera : "Regardez cet individu ! Il prend un air d'enterrement, quand au-dedans de lui-même, il est tout content !" Et si je m'abstiens, les mêmes critiqueront : "Quel individu ! Il aurait pu au moins venir, en remerciement !" »

Il était là comme l'âne de Buridan qui hésitait entre deux solutions.

Il n'a pas eu à trancher : il est mort avant elle.

Les voies du Seigneur sont impénétrables !

Le nez aux carreaux

Je m'attarde à la fenêtre de ma chambre – celle qui fait face à la montagne : le spectacle est saisissant. Toute la chaîne des Aiguilles se déploie devant mes yeux, avec en premier plan l'aiguille de l'M dominée par les Petits Charmoz. La forêt de Blaitière grimpe à l'assaut des rochers. Je devine, par-delà les sapins, le glacier des Nantillons dont les eaux s'échappent pour former le torrent de Blaitière.

J'ai de la chance de vivre ici, tout environné de montagnes, de contempler leur beauté changeante et la magie de leurs métamorphoses. Chance tout à fait inattendue pour moi, qui suis né dans la plaine.

Comment se rassasier du panorama si singulier de Chamonix ? Chaque saison le pare d'un costume nouveau. À la fin de l'automne, la neige recouvre les rochers et descend peu à peu vers la forêt jusqu'à l'habiller entièrement de blanc. Toussaint marque l'arrivée de l'hiver : la neige triomphante s'installe sur l'ensemble de la vallée. Tandis que le printemps fait scintiller la lumière sur les névés et les glaciers, le soleil gravit peu à peu les sommets, joue à cache-cache avec les Aiguilles, émerge entre les deux cimes de l'M.

Un nouveau curé à Argentière

Un nouveau curé vient d'être nommé à la paroisse d'Argentière : M. l'abbé Masson. Il remplace M. l'abbé Magnin, qui a eu quelques difficultés d'entente avec ses paroissiens.

L'installation du nouveau curé est prévue pour dimanche prochain. Comme convenu, l'archiprêtre de Chamonix procédera aux cérémonies officielles.

Le chanoine Rhuin, toujours à l'affût d'un bon mot, nous annonce : « Dans mon sermon de dimanche, je dirai aux Argentereaux : "Monseigneur vous avait envoyé un *magnin*, il n'a pu vous *rétamer* ; il vous envoie maintenant un *maçon*, tâchez de vous laisser *recrépir* !" »

8 mai 1946

Hier soir, samedi, le nouveau curé, qui a déjà emménagé tous ses meubles au presbytère d'Argentière, vient coucher à la cure de Chamonix. Selon l'usage, il faut qu'il paraisse arriver pour la première fois dans sa nouvelle paroisse.

Ce matin, un phaéton s'arrête devant la cure de Chamonix, conduit par un paroissien d'Argentière et attelé... d'une jument et d'un mulet ! Curieux attelage ! Mais qui n'enlève rien à la majesté du phaéton, dont la capote a été repliée. Il fait beau. Le curé Rhuin a revêtu son manteau de chanoine dont les parements de violet rehaussent la tenue ; il prend place dans la voiture en compagnie de l'abbé Masson, habillé d'un simple surplis. Et fouette cocher !

La promenade sera magnifique sous les rayons du soleil qui font resplendir la montagne.

La cérémonie se passe bien, le nouveau curé reçoit bel accueil de ses ouailles, qui lui promettent de se montrer bons paroissiens. Toute la communauté est rassemblée autour de son pasteur. Le chanoine Rhuin accomplit les formes canoniques requises en la circonstance. Mais de boutade point ! Elle était « à usage interne seulement ».

Les « risques du métier »

Mai 1946

Les langues aiment aller bon train, et il faut croire que la tentation de jaser est forte !...

Pour clore les rencontres avant la saison d'été, j'organise avec le groupe de jeunes filles dont j'ai la charge une sortie en car. Occasion de passer ensemble une journée d'amitié et de sortir de la vallée.

Après avoir visité l'abbaye de Hautecombe, Aix-les-Bains et le lac du Bourget, nous faisons halte à Seyssel, au café tenu par mes parents.

Les jeunes filles envahissent la terrasse qui domine le Rhône, admirent la douceur du paysage, font connaissance avec ma famille et, spontanément, laissent éclater leur joie. D'autant que mon père leur a cueilli des cerises : pour elles qui vivent en montagne, des cerises fraîchement cueillies ont le goût et la saveur du printemps ! Les rires fusent, les exclamations s'entrecroisent...

Or, cet après-midi-là, mon père reçoit la visite de son collègue du canton voisin, huissier comme lui. Brave homme au demeurant et que je connais bien, mais un peu mécréant sur les bords. Il me voit au milieu de toutes ces filles et à l'aise avec elles. Après notre départ, il se penche vers mon père et lui dit en aparté : « Je crois que Claude ne restera pas longtemps curé ! »

Mon père, de qui je tiens l'anecdote, n'a pas apprécié cette remarque, et il l'a fait sentir à son collègue.

Touristes en soutane

DÉCIDÉMENT, la paroisse de Chamonix n'engendre pas la morosité ! Son dynamisme se partage entre les deux facettes de sa vie : le tourisme, qui attire la foule des vacanciers, particulièrement durant l'été, et, en dehors de ce temps fort de la saison touristique, l'ordinaire de la vie paroissiale.

La période estivale me donne ainsi l'occasion de multiples rencontres, avec des habitués de la station ou des nouveaux venus à la découverte de Chamonix.

Arrivent aussi des prêtres, nombre de mes collègues pratiquant l'alpinisme. Ils se renseignent à la cure sur la possibilité de dire leur messe à l'église paroissiale ou dans une chapelle de hameau. Ils en profitent pour demander un conseil sur les courses qu'ils peuvent faire, quand ils sont débutants, sur l'état de la neige et des glaciers. Il faut les conduire dans un magasin d'articles de sport où ils achètent (ou louent) piolet, paire de crampons, voire des souliers ou une corde.

En général ils ont peu d'argent et ne peuvent engager un guide pour réaliser une ascension ; ils discutent, se documentent, décidés à prendre des risques calculés. Ils sont deux ou trois copains qui logent sous la tente ou profitent de l'hospitalité offerte par des amis. Ou bien ils accompagnent leur famille, en vacances dans un chalet. Ou encore ils conduisent un groupe de jeunes ou d'enfants.

⁂

Je me rappelle ce prêtre de ville qui emmenait son groupe d'enfants à Planpraz. Pendant la montée en téléférique, il veut leur faire admirer la beauté de la chaîne du Mont-Blanc qui se découvre peu à peu, le panorama grandiose qui s'offre à leurs yeux. Au beau milieu de ces explications lyriques, l'un des gamins pousse du coude son voisin en lui montrant un sapin fiché dans la pente : « T'as vu ce sapin, comme il est tordu ! » Et les deux enfants de s'esclaffer, indifférents au spectacle de la montagne !

L'abbé est désolé, il pense qu'il perd son temps avec des enfants sans goût. En discutant au presbytère, nous lui faisons remarquer que l'adulte voit les ensembles, alors que l'enfant s'attache plutôt aux détails : il faut quelques années d'expérience pour savoir prendre du recul et admirer un panorama. La benne d'un téléférique emmène trop vite l'enfant vers le sommet ; il n'a pas le temps de s'adapter à l'environnement. Il vaut mieux le conduire par un sentier de moyenne montagne, lui proposer une découverte progressive de ce monde inconnu. La haute montagne viendra par la suite, et encore pas pour tous. Il faut leur apprendre à l'aimer.

Juillet, lever de soleil au Buet

Trois séminaristes du diocèse de Belley me demandent de les accompagner au Buet. Ils logent aux Pècles, dans la maison de Paul Bellin.

Nous prenons le train jusqu'à la station du Buet, sur Vallorcine, et de là nous remontons la vallée de Bérard. Nous arrivons au refuge de Pierre à Bérard, celui qui a été édifié au sommet d'un rocher[4] et qui a remplacé l'ancien, le vieux refuge qui portait le nom de la grosse pierre sous laquelle il s'abritait.

La nuit est encore noire quand nous quittons le refuge, car nous voulons être au sommet du Buet pour assister au lever du soleil. Départ difficile : nous n'avons pas dormi bien longtemps. Alors, le corps tout entier se fait lourd, les muscles des jambes sont endoloris, le sac pèse sur les épaules. Les premiers pas vacillent dans la nuit. Un soulier accroche malencontreusement une pierre, vous déséquilibre, et vous arrache un juron. Le temps que vos yeux s'habituent à l'obscurité et que votre corps prenne sa souplesse de marche, vous cherchez la trace du sentier, le regard tantôt vers la terre pour mettre les pieds au bon endroit et tantôt vers la pente pour repérer à l'avance la ligne à suivre.

Après les herbages, nous atteignons le pierrier sous l'aiguille de Salenton, les grandes dalles de pierre des éboulis et le névé qui recouvre encore une bonne partie de l'endroit. Nous ne nous arrêtons pas au col de Salenton ; la nuit nous cache le paysage et le vent qui souffle par la brèche nous glace. Nous passons sous la Table au Chantre et montons en direction du sommet. Là, nous sommes saisis par un froid vif ; il faut enfiler pull, anorak, gants, et taper du pied sur place. Au moment où le soleil va se lever, de l'autre côté de la chaîne des Alpes, le froid devient intense.

Mais quand le disque solaire commence à poindre tout là-bas, à l'est, sa rougeur met le feu à tous ces pics qui se dressent dans le lointain. Progressivement ses rayons immenses partent dans tous les coins de l'horizon, cherchant à illuminer les Aiguilles et les faisant sortir de l'ombre. Le spectacle est alors hallucinant, et le froid oublié. Le mont Blanc reçoit le premier, comme il se doit, l'empreinte de la lumière solaire ; il brille au-dessus de la masse confuse. L'obscurité est repoussée dans les vallées. Bientôt le mont Rose, le Cervin, l'aiguille Verte, sont touchés à leur tour. Puis la lumière nous atteint, éclaire et réchauffe notre petit groupe au sommet du Buet, à 3 100 mètres, si modestement perché au cœur d'un paysage grandiose.

*
**

Dans la foulée, quelques tableaux pris sur le vif.

Comédie en un acte à la Mer de Glace

Mon collègue reçoit l'évêque de Vizagapatam, évêque missionnaire aux Indes, sur la côte du Bengale ; ils sont originaires tous les deux du même village de Haute-Savoie. Il l'emmène au Montenvers pour lui faire découvrir la Mer de Glace. Le temps est beau. Après avoir contemplé le glacier qui déroule ses anneaux entre deux moraines, et visité la grotte taillée dans la glace, l'évêque invite l'abbé à déjeuner au restaurant. Ils s'installent à une table sur la terrasse, commandent le menu. L'abbé a sa soutane noire, l'évêque sa soutane noire bordée de violet, son anneau au doigt et sa croix sur la poitrine.

Au cours du repas, ils prennent conscience de susciter un mouvement général de curiosité ; les autres convives leur portent un intérêt fort peu discret. Pourquoi ?... La présence d'un évêque en ce lieu est-elle insolite ? Ce n'est qu'au moment de régler la note qu'ils comprennent ; la montagne leur a fait oublier conventions sociales et Commandements de l'Église : on est vendredi... et ils se sont fait servir un plat de charcuterie, qu'ils ont dégusté de bon appétit !

L'habit et le moine : triptyque

Uniforme

Sur un sentier de montagne, vous voyez venir vers vous un groupe de deux ou trois hommes ; ils sont jeunes, et aucune femme ne les accompagne. Au moment de les croiser, vous les saluez, comme cela se fait toujours en montagne, et vous dites : « Bonjour, messieurs les curés ! »

Stupéfaction des inconnus qui s'arrêtent, nous rendent notre bonjour, et sourient légèrement en demandant à quoi nous avons deviné qu'ils étaient prêtres. « À vos chaussettes ! » leur répondons-nous. Ils les regardent d'un œil rond, à la recherche d'un signe distinctif. « Elles sont noires », ajoutons-nous. Alors, ils comprennent que nous faisons partie de la même corporation et que, comme eux, nous sommes des curés en montagne. La prochaine fois, ils laisseront leurs chaussettes de curé au presbytère.

Le diable et le bon sens

Et cet autre, séminariste celui-là. Il a scrupule à ôter sa soutane et s'habiller en civil pour se promener en famille. Je lui dis qu'il n'y a pas de problème de conscience à cela, et que c'est même plus pratique pour marcher. Mais je vois bien qu'il ne m'a pas compris ; les leçons reçues au séminaire sur la tenue ecclésiastique font qu'il se sent à l'abri dans sa soutane. J'apprends, quelques jours plus tard, qu'on l'a vu se promener en soutane en compagnie d'une de ses sœurs qui, elle, avait passé un short ! À notre rencontre suivante, machine arrière : j'essaie de lui faire comprendre qu'il est inutile de faire jaser la population !

Le fond et la forme

Aujourd'hui, me trouvant sur le perron de l'église, je vois arriver une magnifique Panhard décapotable qui vient se ranger au bas des escaliers. Je suis stupéfait (et le mot n'est pas trop fort !) de découvrir un prêtre en soutane au volant de cette voiture ! Comment un prêtre peut-il disposer d'une automobile de ce prix et de ce standing ? Il pourrait se montrer plus discret ! Quand il ouvre la large porte pour en descendre, il accroche ses deux cannes anglaises et les place sous chaque avant-bras avant de se mettre debout. Sa haute taille, prise dans sa soutane et soutenue par ses cannes, fait impression. Il monte vers moi pour me saluer et demander l'autorisation de célébrer la messe. Dans la conversation, j'apprends qu'il était aumônier militaire dans la 2e division blindée du général Leclerc et qu'il a sauté sur une mine au cours de la campagne d'Alsace. Il y a laissé ses deux jambes. Je reçois là une bonne leçon. Je ravale mon interprétation des choses, qui me portait à me scandaliser. Morale : éviter à l'avenir de juger les gens sur leur extérieur.

La montagne agit comme un décapant ; elle remet l'homme à sa place, dans sa vérité.

Curé, vicaires et « mamans d'âmes »

JOSEPH, mon collègue, a en charge la branche masculine de la jeunesse : rencontres de réflexion, soirées d'amitié, activités dans la paroisse, l'Union sportive Jeanne d'Arc avec sa clique.

De mon côté, je m'occupe des jeunes filles, des Enfants de chœur et de la Croisade eucharistique : je remplace l'abbé François Durand, nommé à la cure de Balmont.

Aux cours habituels de catéchisme, tant au chef-lieu que dans les hameaux des Praz et des Bossons, s'ajoute la formation chrétienne des tout-petits. Cette activité est très structurée à Chamonix, sous la conduite d'Inès Bossoney, des Praz, avec la collaboration de jeunes filles appelées pour la circonstance du joli nom de « mamans d'âmes ».

Notre curé est responsable en principe de l'Action catholique pour les adultes. Mais son âge et sa fatigue ne lui permettent pas de faire tout le travail nécessaire.

Tous ces mouvements et ces activités apportent à la vie paroissiale un dynamisme dont je peux juger par l'assistance aux messes et aux offices, en semaine comme le dimanche, ou par la facilité des contacts avec les paroissiens, lors de rencontres au presbytère, de visites à domicile ou tout simplement dans la rue : la discussion entraîne un échange en profondeur ; mon collègue et moi, nous ne rencontrons aucune opposition lors de nos démarches et de nos visites.

L'activité paroissiale proprement dite connaît deux temps morts : l'un pendant la saison d'été, et l'autre, moins important, pendant la saison d'hiver. Chacun est alors pris par son travail, le gagne-pain pour toute l'année, forcément dépendant du tourisme ; l'horaire des journées s'allonge, et la fatigue pèse. Quand on a dit « c'est la saison ! », on n'a plus rien à redire.

Il faut donc profiter de l'automne et du printemps pour les rencontres de réflexion pastorale et de foi chrétienne. À l'automne en particulier, après le départ des estivants, Chamonix redevient la bourgade d'autrefois où chacun se connaît, prend le temps de se rencontrer et renoue les fils distendus de la vie sociale.

Le groupe des Enfants de chœur assure le service des messes et des différents offices à l'église. Ce dévouement mérite d'être soutenu et revitalisé pour que chaque enfant en retire un bénéfice en vue de sa formation humaine et chrétienne. J'en parle à Jacky Ravanel, élève au séminaire des Carmes, à Paris ; il soigne actuellement sa santé dans sa famille.

La réputation des Petits Chanteurs à la Croix de Bois de l'abbé Maillet a popularisé leur aube blanche. Dans sa simplicité, elle convient parfaitement au style de la liturgie, au moment où un immense effort est accompli, en France en particulier, pour lui donner plus de vérité et de beauté. Nous décidons d'adopter l'aube blanche pour les enfants de chœur ; elle remplacera la soutanelle rouge, violette ou noire, avec le surplis en dentelle. Le changement ne plaît guère au chanoine Rhuin ; il se fait tirer l'oreille, mais notre Jacky déploie tant de conviction qu'il obtient son accord – à condition toutefois que nous nous débrouillions avec les moyens du bord. Aussi les familles sont-elles mises à contribution : à elles de trouver le tissu dans le trésor de leurs armoires et de confectionner les aubes, d'après un modèle.

Du nouveau aussi dans la dénomination : les « Enfants de chœur » deviennent les « Servites de Notre Dame ». Après un temps de probation, les enfants qui désirent entrer dans le groupe reçoivent officiellement l'aube et la croix, au cours d'une cérémonie conçue spécialement à leur intention. Les anciens accueillent les nouveaux et se sentent responsables. Celui qui est admis vient apposer sa signature à l'autel sur la charte composée tout exprès pour les Servites de Notre Dame.

*
**

Le groupe s'étoffe et se structure, un peu à l'image d'une troupe scoute. Une sortie en montagne est prévue. Nous campons une nuit à la Charlanon, un ancien alpage situé à mi-distance entre Planpraz et la Flégère. Un autel est dressé, face à la chaîne des aiguilles de Chamonix ; la messe est célébrée en pleine nature.

*
**

Une autre sortie : à Balmont, où nous plantons nos tentes à l'ombre de l'église de l'abbé Durand. De là, nous nous rendons en car à la plage d'Aix-les-Bains.

Joie pour des enfants de la montagne de patauger dans l'eau du lac, à défaut de savoir nager pour la plupart ! Je suis avec eux dans l'eau.

À un moment donné, l'un d'eux m'appelle : « M'sieur l'abbé ! » Les mamans qui surveillent les ébats de leurs petits lèvent le nez de leur tricot et cherchent une soutane dans les parages. Elles ouvrent de grands yeux quand elles me voient sortir de l'eau, en slip de bain, entouré par les enfants qui me donnent du « monsieur l'abbé » grand comme le bras. J'ai sûrement dû les scandaliser par ma tenue : a-t-on jamais vu un prêtre en slip et sans soutane ! Mais l'enfant trouve naturel de s'adresser ainsi, en toute simplicité, à celui en qui il a mis sa confiance.

Notre-Dame du Grand Retour

20-21 août 1946

Un immense mouvement de piété populaire accompagne, à travers toute la France, la statue de Notre-Dame de Boulogne, Notre-Dame du Grand Retour.

Les journaux s'en font l'écho et les bulletins paroissiaux, comme les *Semaines diocésaines*, chantent les louanges et les bienfaits de cette mission ambulante. Des missionnaires accompagnent la statue de paroisse en paroisse, relancent la prière tout au long de la route, prêchent à l'église, confessent durant la veillée nocturne, et animent la messe matinale où tous les paroissiens sont conviés à participer et à communier. Il s'agit véritablement d'un élan du peuple vers Dieu. On veut par là influencer les mentalités et accentuer ce retour à une foi chrétienne plus vraie et plus vivante. Dans l'optique de la « révolution nationale », l'Église de France organise « le Grand Retour du peuple de France vers son Dieu ».

La défaite de 1940 a marqué les esprits et laisse un sentiment diffus de pessimisme et de culpabilité : nous n'étions pas prêts, malgré les belles paroles des hommes politiques... nous avons manqué de courage et de sens du devoir... il faut réparer et revenir aux anciennes valeurs, les valeurs de la France éternelle, le goût de l'effort et l'honnêteté. Ces thèmes sont repris à la fois par le gouvernement du maréchal Pétain et par l'épiscopat. Il faut quitter la voie facile et « revenir à la terre qui ne ment pas ». Le péché a entraîné le peuple loin de Dieu ; la punition est arrivée, il faut maintenant faire pénitence et se convertir pendant qu'il en est encore temps.

La punition peut s'écrire en grosses lettres : l'occupation allemande, le million de prisonniers en Allemagne, les restrictions alimentaires. Toutes les familles du pays sont touchées d'une manière ou d'une autre. Les églises débordent le dimanche de tous ceux qui veulent confier à Dieu un membre de leur famille, la maisonnée tout entière, leur village, leur paroisse, la France elle-même. Chacun cherche à se mettre sous la protection divine par des prières publiques, des vœux, des processions. Sortent de terre des croix, des statues, des oratoires, des chapelles, particulièrement en l'honneur de la Vierge Marie : elle symbolise la miséricorde divine ; elle est chargée, d'après le message de La Salette, de retenir le bras vengeur de Dieu. Voilà qui donne amples sujets de sermons aux prédicateurs de retraites et de missions.

La statue de Notre-Dame du Grand Retour est posée dans une barque, et l'ensemble est tracté par une remorque à bras. Il est recommandé que chaque paroisse envoie une délégation à la limite de son territoire pour recevoir la statue des mains de ceux qui l'escortaient jusque-là. Une cérémonie a lieu sur place avec discours, chants, acclamations, prières.

Puis le cortège se remet en route, accompagné des missionnaires, en direction de l'église paroissiale. Des jeunes entourent la barque ; quelques-uns s'attellent à l'avant pour la tirer, tandis que d'autres restent sur l'arrière pour la retenir dans les descentes. Presque tous vont pieds nus, pour exprimer la pénitence. Tout au long du chemin que doit emprunter le cortège, les gens sont venus se mettre à genoux, certains prennent place dans la procession. On a orné les croix et les oratoires que l'on rencontre le long de la route : la barque s'arrête, on salue ce monument de la piété populaire, et la foule chante un cantique. Par exemple :

Reine de France,
Priez pour nous,
Notre espérance,
Venez et sauvez-nous.

Vierge notre espérance
Étends sur nous ton bras,
Sauve, sauve la France
Ne l'abandonne pas.

Ce pèlerinage rappelle celui de Compostelle, toutes ces foules du Moyen Âge qui se déplaçaient pour aller prier, se recueillir et se réconforter sur la tombe de l'apôtre saint Jacques. Le pèlerinage fait partie intégrante de la vie des hommes : de temps à autre il faut remettre de l'ordre dans ses affaires spirituelles.

*
**

À Chamonix, la statue est arrivée hier, mardi 20 août, en provenance de Saint-Gervais. Les jeunes tiraient et accompagnaient le char marial dans les rues de la ville. Eux aussi avaient posé souliers et chaussettes. Dans cette ambiance de fête religieuse et de prière, il n'y a pas de place pour le respect humain. Arrivés devant l'église, ils ont porté la barque processionnellement à l'intérieur et l'ont placée sur un socle orné et fleuri. L'ensemble avait belle allure. La statue attirait tous les regards.

Alors commence une veille qui dure toute la nuit et que se partagent les quartiers et les villages, alternant chants, allocutions, prières publiques et privées, tandis que prêtres et missionnaires reçoivent les pénitents qui désirent se confesser. La foule se presse auprès des tribunaux de la pénitence : chacun veut être réconcilié et pardonné. En signe de conversion, le missionnaire invite les participants à écrire leurs résolutions de vie sur un papier qu'ils mettent dans la barque. Gestes d'offrande à Dieu par l'intermédiaire de Marie. Tous ces papiers sont offerts à la messe du matin, la messe de l'au revoir ; ils sont ensuite brûlés.

Il est difficile de rendre compte de l'émotion qui entoure le passage de Notre-Dame de Boulogne. Ambiance factice, jugeront certains, ambiance d'un moment qui ne dure pas ! Qui peut le dire ? La joie partagée et la prière commune peuvent soulever bien des âmes. Et même si la routine de la vie, avec ses petits côtés mesquins, reprend le dessus par la suite, il en reste toujours quelque chose au fond de l'âme.

Aujourd'hui 21 août, après la messe solennelle, les jeunes remettent la barque et la statue sur son support et s'apprêtent à le tracter jusqu'à la limite de la paroisse. Il faut passer le relais à la paroisse de Chedde. Il pleut. Mais rien ne peut tempérer l'enthousiasme de ces jeunes et de la foule qui les entoure.

Une première à Notre-Dame-de-la-Salette

Septembre 1946

Pour le Centenaire des apparitions de la Vierge à Maximin et Mélanie, j'organise un pèlerinage à Notre-Dame-de-la-Salette.

Un groupe de vingt-cinq Chamoniards prend la route, dans un car de la maison Vouillamoz, parmi lesquels Joséphine Simond et son amie Denise Payot, mieux connue sous le surnom de « la Canie ». Elles sont déjà âgées toutes les deux.

Le car nous laisse à Corps ; la route très accidentée qui monte au sanctuaire est réservée à des cars spéciaux.

Nous avons décidé de monter à pied, en esprit de pèlerinage. La route nous conduit d'abord jusqu'au petit village de La Salette. Nous prenons ensuite le vieux chemin, plus ou moins raviné, qui monte au sein d'une petite dépression et entouré de bosquets d'arbres. Il sera l'occasion d'une marche accompagnée d'un chemin de croix.

Mais Joséphine et la Canie nous font faux bond. Elles décident de nous brûler la politesse. En Chamoniardes entêtées, elles veulent faire une première. Elles prennent d'un pas décidé l'itinéraire du facteur, qui grimpe droit dans la pente, immédiatement sous le sanctuaire. Ce chemin, tracé d'un pied sûr et agile par le préposé des P.T.T., esquive la raideur de la pente en tournant sans cesse sur lui-même.

Adieu Berthe ! Comment retenir dans le droit chemin des chèvres *mottes* qui veulent humer l'air de la liberté ? Mais aux trois quarts de la montée, la fatigue d'un pied mal assuré dans de petites bottines... la vision du vide qui se creuse... et la Canie se trouve clouée au sol. Incapable de continuer.

Il est hors de question de redescendre : la pente est trop raide. Seule solution : sortir par le haut... comme lors des grandes ascensions à Chamonix ! Joséphine aide la Canie à reprendre son souffle et lui remonte le moral : elle a de l'énergie à revendre ! Et leur « cordée » s'échappe : *Bon sang ne peut mentir !*

Découverte de la Bible

Automne 1946

Durant mes études au grand séminaire, la Bible est restée pour moi un livre fermé. Comme d'ailleurs pour l'ensemble de mes camarades d'études. Je ne disposais au début que d'une Bible dont le texte était écrit en latin, et que mon curé m'avait offerte au moment de mon entrée au séminaire. Qu'on le veuille ou non, le latin demeure une langue morte, même si la concision de sa pensée lui donne une grande richesse. La Bible, dans son ensemble – et particulièrement l'Ancien Testament – n'est déjà pas un livre facile à aborder d'entrée pour un jeune étudiant. Et le latin ajoute un obstacle supplémentaire.

Plus tard, je pus me procurer le texte de la Bible traduit par M. Crampon. Il existait également la traduction française de M. Segond, mais il s'agissait là d'une traduction protestante... elle n'avait pas droit de cité dans la sainte maison !

Nous avions à notre disposition le Nouveau Testament traduit en français par le chanoine Osty, c'est-à-dire les quatre évangiles, les Actes des apôtres, les épîtres de saint Paul et l'Apocalypse. Ce livre m'a suivi lors de mon séjour aux Chantiers de jeunesse et pendant mon temps de berger.

Nous utilisions principalement les évangiles et les épîtres de saint Paul. L'approche de ces textes nous était facilitée par les études de quelques théologiens et exégètes, par exemple le père Prat, jésuite. Ils contribuaient soit à alimenter notre méditation personnelle, soit à étayer les arguments théologiques. La fréquentation des quatre évangiles et des épîtres nous était familière. Seule l'Apocalypse restait hermétique.

Mais l'Ancien Testament apparaissait comme un livre fermé, plus ou moins mythique, en tout cas inapproprié à notre formation au ministère. Histoire sainte sans doute, comportant une mine d'histoires religieuses et moralisantes parmi lesquelles on pouvait puiser à loisir pour illustrer un propos et raconter, justement, des histoires !...

La notion de peuple de Dieu nous est inconnue. Toute vérité doit venir d'en haut, distillée par les maîtres et les professeurs, et surveillée par le magistère qui détient la clef du savoir. L'hérésie protestante est considérée comme abominable : elle prétend interpréter la Bible et la mettre entre toutes les mains. Or la Bible n'a pas à être interprétée : elle est à prendre comme un tout, d'un seul bloc.

Et aujourd'hui on nous annonce qu'un prêtre du diocèse, l'abbé Luc Mercier, donne des causeries sur une nouvelle approche de la Bible ! Il s'agit d'une étude de l'Écriture sainte, une découverte du texte même de l'Écriture. Le mot est nouveau pour nous. Nous savions que des experts, dominicains pour la plupart, travaillaient à une meilleure connaissance de la Parole de Dieu. Nous avions entendu parler des recherches du père Lagrange, à Jérusalem ; cela ne dépassait pas les murs de l'école biblique, aussi prestigieuse soit-elle. Et voilà que le pape Pie XII vient de donner un sceau officiel à cette recherche avec la publication de l'encyclique *Divino Spiritu afflante*.

L'abbé Luc Mercier n'a pourtant rien d'un contestataire, et encore moins d'un révolutionnaire dans l'Église. Il a mis à profit un repos forcé, consécutif à un ennui de santé, pour étudier la Bible à partir des nouvelles connaissances qui maintenant se répandent. Comme aumônier de religieuses, il peut disposer de temps pour se plonger dans l'étude des textes sacrés et pour se tenir au courant des travaux des experts en la matière. En outre, lors des conférences et des sermons qu'il fait aux religieuses de la maison, il peut tester en pratique le résultat de sa recherche. Tant que ces causeries ont lieu en cercle privé, entre ecclésiastiques, elles ne mettent pas en cause l'autorité épiscopale, et l'évêque laisse faire.

Les prêtres désireux de se remettre à l'étude se transmettent l'information de bouche à oreille. C'est ainsi que le curé de Chedde, l'abbé Berger, en accord avec d'autres curés de la région et les dominicains du plateau d'Assy, invitent les prêtres de la haute vallée de l'Arve à venir écouter l'abbé Mercier.

Nous voilà comme des enfants découvrant un monde inconnu et merveilleux, pressés de l'explorer. Nous sommes avides de savoir. L'abbé nous montre l'articulation des livres de la Bible : il n'y a pas un livre, mais des livres ayant chacun son style, son genre littéraire, son interprétation. Il nous prend par la main pour passer le handicap de la langue – du français au latin, du latin au grec, et du grec à l'hébreu et à l'araméen. Ainsi, le langage de Jésus et celui des apôtres revivent sous nos yeux et sonnent de nouveau à nos oreilles. Moment ineffable de découverte d'un trésor qui nous était caché ! Même le texte de l'Évangile prend un sens neuf, retrouve sa fraîcheur et sa saveur primitives. C'est pour moi un moment de joie intense.

Un mot me frappe maintenant, qui ne m'était apparu que comme une formule de politesse : *Abba*, ce qui veut dire Père en araméen, ou plus exactement la forme affective « papa ». Luc Mercier fait repasser ce mot sur ses lèvres comme en le savourant et en nous le donnant à savourer à notre tour, avec sa grosse voix et son fin sourire, pour essayer d'exprimer toute la tendresse que Jésus mettait dans ce mot lorsqu'il parlait de son Père du ciel. Comme un enfant de chez nous qui dit papa à son père !

Il suffit d'entendre l'abbé redire, avec quelle simplicité et quelle justesse, les phrases qu'il commente, pour désirer approfondir la découverte du texte sacré. En face de ce texte qui me paraissait hermétique, j'ai le sentiment d'une libération, et de suivre une véritable initiation.

Quel dommage que cette initiation n'ait pas été faite au cours des années de séminaire ! Dire que nous n'avons même pas eu de professeur d'Écriture sainte ! L'encyclique de Pie XII a exorcisé la peur et libéré les énergies. L'école biblique de Jérusalem envisage maintenant une traduction en français des livres de la Bible, Ancien et Nouveau Testament. Chaque livre, de la Genèse à l'Apocalypse, aura son tiré à part. Je vais souscrire à cette parution et je recevrai chaque fascicule au fur et à mesure de sa sortie d'imprimerie.

*
**

Aux dernières nouvelles, j'apprends que notre évêque vient de nommer Luc Mercier directeur au grand séminaire ; il sera chargé des cours d'Écriture sainte.

Six curés en montagne

Été 1947

C'est un beau matin de juillet, nous sommes cinq à attendre sur le quai de la gare du Montenvers, à Chamonix, avec tout le nécessaire : sac, corde, piolet et crampons. Il y a là Joseph, Bernard, François, Jean et moi. Nous avons un dénominateur commun : nous sommes prêtres et amoureux de la montagne. Nous avons décidé de remonter la Mer de Glace et le glacier du Géant pour aller coucher au refuge Torino ; notre intention est de faire le lendemain l'ascension de la dent du Géant.

Mais notre groupe n'est pas au complet, car il manque le sixième larron : Jacky Ravanel, de Chamonix. Séminariste au séminaire des Carmes, à Paris, il vient d'arriver pour les vacances d'été dans sa famille. Il a été ordonné sous-diacre à la fin de l'année scolaire. Grand et bien bâti, il est plein d'énergie. Heureusement, il a surmonté des ennuis de santé, conséquence d'un mal qu'il avait contracté au bataillon du Mont-Blanc, pendant la Résistance. Obligé de garder la chambre pendant toute une année, il n'a pu faire de montagne. Maintenant, il a hâte de se rattraper.

« Je me charge de prendre la viande », a-t-il dit. Mais il n'est toujours pas là et le train va partir. « Tant pis, il prendra le suivant et nous l'attendrons au Montenvers ! » Sitôt dit, sitôt fait. Le train quitte la gare de Chamonix, traverse le passage à niveau et enclenche la crémaillère en prenant la montée vers les Planards. Arrivés sur la terrasse qui domine la Mer de Glace, nous laissons tomber nos sacs à terre et nous nous disposons à attendre le copain. Or le train met une heure pour couvrir la distance de Chamonix au Montenvers. Nous avons donc le temps, et comme il est passé midi, nous sortons nos victuailles et nous cassons la croûte, tranquillement.

Nous avons à peine terminé que nous voyons déboucher notre ami sur la terrasse, suant et soufflant, avec un gros sac sur le dos. Il est arrivé à la gare juste après le départ de notre train et il n'a pas voulu attendre le suivant : il s'est donc mis en route à pied et il a avalé la montée dans un temps record. Il s'affale sur une chaise pour reprendre son souffle, s'éponge et boit quelque chose ; il mange même « un morceau ».

Mais nous avons déjà pris du retard et le chemin est long pour rejoindre le col du Géant. Il faut partir.

Sac sur l'épaule et le piolet en main, nous prenons le sentier qui longe la moraine et nous conduit sur la Mer de Glace. Nous remontons celle-ci facilement. La glace est striée de veines apparentes qui permettent une bonne adhérence aux semelles Vibram des chaussures. Au bout d'un moment, nous laissons les cordées qui montent en direction du glacier de Leschaux et du refuge du Couvercle, sur la gauche, et nous prenons à main droite, au pied de l'Envers des aiguilles de Chamonix. La marche est assez aisée.

Voilà que notre Jacky allonge le pas de toute la dimension de ses grandes jambes, nous laissant carrément sur place. « Je pars devant », annonce-t-il simplement. Sans poser de questions, nous continuons notre marche. Mais nous ne le rejoignons pas. Où est-il donc allé ? Enfin, sa silhouette : assis sur une pierre, il dit son bréviaire. Il voulait se réserver cet instant de prière solitaire, de peur de manquer à son office de la journée.

On ne peut reprocher à un séminariste d'être zélé ! (Pourtant le zèle mal placé peut conduire à des déboires ; cela se vérifiera plus tard.) Mais nous lui disons qu'il faut savoir tenir compte des circonstances concrètes de l'existence. Même s'il ne peut dire tout son bréviaire aujourd'hui, il ne commet pas pour autant un péché : les impératifs de la course l'emportent sur la règle. C'est notre avis à tous les cinq.

Et nous repartons en direction du refuge du Requin. Le sentier monte en lacets dans la moraine ; la pente est rude. Quand nous arrivons sur la terrasse du refuge, l'après-midi touche déjà à sa fin ; nous sommes en retard sur notre horaire. Pas question cependant de passer la nuit au Requin : la marche d'approche du lendemain serait trop longue jusqu'au pied de la dent du Géant. Il faut atteindre Torino.

Nous traversons toute la combe du glacier du Géant, en amont des séracs, et la nuit nous surprend au moment où nous attaquons la montée du col. Le groupe s'est partagé en deux cordées : d'une part, Joseph, Bernard et François, de l'autre, Jean, Jacky et moi. La première cordée nous devance, tandis que nous nous trouvons en difficulté. Jacky se ressent de ses deux marches forcées. De plus, arrivé tout récemment de la capitale, il n'a pas encore eu le temps de s'adapter à l'altitude. Il commence à donner des signes de fatigue. La montée dans la neige l'éprouve et le poids du sac se fait maintenant sentir sur ses épaules. Il faut qu'il s'arrête, car il est pris d'envie de rendre : la nourriture qu'il a absorbée n'a pas passé.

Jean, lui, est le plus âgé de la bande. « Au-dessus de 2 000 mètres, dit-il, j'ai le cœur qui flanche ! »

Me voilà bien logé avec mes compagnons ! Ils sont tous les deux plus grands et plus costauds que moi. Si l'un d'eux tombe dans une crevasse, je ne peux pas compter sur l'autre et je suis incapable, à moi tout seul, de le retenir avec la corde ! Pour comble de malchance, la nuit est maintenant tout à fait là, et aucun d'entre nous n'a pensé à se munir d'une lampe électrique.

Cahin-caha, nous atteignons le col du Géant ; les copains nous ont attendus. Prenant sur la droite, nous suivons la piste tracée dans la neige pour nous diriger vers Torino. Avant d'arriver, nous tombons sur l'ancien refuge, la cabane Margharita. Il est tard dans la nuit et le temps commence à se gâter. Nous décidons de nous arrêter et nous entrons dans la cabane où dorment déjà quelques ouvriers italiens qui travaillent sur le site.

La fatigue de la montée et l'altitude nous ont coupé tout appétit. Après avoir rangé sacs, cordes, piolets, crampons, chaussures, nous nous étendons sur le bat-flanc et nous tirons les couvertures sur nous. À peine couchés, nous entendons le tonnerre qui roule au loin, du côté du mont Blanc et de la Brenva. Il se rapproche et l'orage éclate ; la pluie tombe dru sur la toiture, suivie de la grêle. Il vaut mieux l'essuyer ici, à l'abri, que pendant la montée du col ! La porte, vétuste, geint sans cesse : elle a perdu tout élément de fermeture intérieure et ne tient que par un piquet de bois fiché en terre qui lui fait un appui solide depuis l'extérieur. Technique archaïque, ô combien !

Jacky, malade, s'agite bruyamment malgré ses précautions. Autant dire que la nuit est mauvaise et le sommeil, haché. D'humeur gamine, nous rions de la mésaventure de notre ami... Quant aux ouvriers piémontais, ils devaient être éreintés : ils ont dormi comme des souches.

Le jour est long à se lever, et nous le suivons dans son retard. Il s'est mis à neiger ; l'ascension est bien compromise. Nous reviendrons à la dent du Géant une autre fois !...

Mais quand nous mettons le nez dehors, l'orage a disparu, une belle journée s'annonce : pas un nuage dans le ciel. Qu'allons-nous faire ?

Jacky est débarrassé de ses ennuis nocturnes ; il a récupéré, mange avec appétit. Le voilà maintenant en pleine forme. Il pense pouvoir faire la dent du Géant dans la journée, quitte à coucher le soir au refuge du Requin, car il ne faut pas compter attraper le dernier train au Montenvers.

Les deux vicaires n'ont eu l'autorisation de partir en course qu'à la condition de rentrer aujourd'hui. Les deux cordées se séparent donc. L'une s'élance vers la cime espérée, l'autre reprend le chemin de la vallée. Mais qui pourrait désigner la plus heureuse ? Elles partagent le même soleil neuf, la même fraîche innocence du ciel et cette paix qui vous gagne à vous fondre dans la beauté du monde.

Un *Requiem* suivi d'un *Magnificat*

Août 1947

Un jour d'été parmi tant d'autres. La foule des touristes déambule dans les rues de Chamonix. Les uns s'arrêtent à la terrasse de la Potinière ou entrent à la P.D.A. (la Pâtisserie des Alpes), d'autres regardent et essaient piolets et crampons dans un magasin de sports. Certains se dirigent vers la gare du Montenvers, frais et dispos ; d'autres en reviennent, bronzés et fatigués. Et pendant ce temps-là, un drame s'est déroulé en montagne. Il en arrive tout le long de l'été et ils font la une des journaux régionaux ; ce n'est pas pour autant que les alpinistes cessent le combat contre la montagne, ou contre eux-mêmes.

Aujourd'hui, c'est une jeune fille de vingt ans qui a été tuée par la chute d'une pierre. Son corps a été ramené à la morgue de l'hôpital. Ses parents, avertis d'urgence, arrivent à Chamonix et viennent reconnaître le corps de leur fille. Je suis appelé à l'hôpital pour faire une prière avec eux. Quelle plus grande douleur peut-il être au monde, pour un père et une mère, que de se trouver au chevet d'un enfant qu'une mort brutale leur a ravi ! Je pense à cette phrase de l'Écriture, tirée des Lamentations du prophète Jérémie, et que Vittoria a mise en musique d'une manière poignante : « *O vos omnes qui transitis per viam, attendite et videte si est dolor sicut dolor meus* (Ô vous tous qui passez sur le chemin, arrêtez-vous et voyez s'il est une douleur comparable à la mienne) ! » Durant la Semaine sainte, l'Église met cette phrase sur les lèvres de Marie au pied de la croix de son fils.

J'arrive à la morgue. Le père pleure doucement ; il tient, appuyée contre lui, son épouse qui sanglote elle aussi. La dignité de leur attitude est étonnante. Je leur serre la main pour exprimer toute ma sympathie, et je commence une prière à haute voix. On appelle cette prière « la recommandation de l'âme à Dieu ». Le père prend ensuite la parole : « Seigneur, tu nous l'avais donnée, et tu l'as reprise. Que ton nom soit béni ! » Je reconnais les paroles de Job. Et il entonne le *Magnificat*.

Geste de foi héroïque qui transcende toute une vie humaine. Le courage devant la mort est le signe de la grandeur de l'homme.

Une fête double : le 15 Août à Chamonix

14 août 1947

Le 15 Août amène à Chamonix la foule des grands jours. À cette époque de l'année, la montagne est belle et les touristes veulent la contempler avant de retourner chez eux. La fête de l'Assomption de Notre Dame coïncide avec le plein été et l'apogée des vacances. Encore quelques jours et l'automne viendra frapper à la porte ; la saison s'achèvera. On dit dans la vallée que « *la Vierge ne laisse pas le temps comme elle le trouve* ».

Traditionnellement, la fête des Guides a lieu le 15 août aussi, et l'on attend beaucoup de monde pour cette occasion.

Aujourd'hui, veille de fête, c'est un va-et-vient continuel dans les rues, et sur la place de l'église où demain se tiendra la cérémonie haute en couleur de la bénédiction des cordes et des piolets. Nombre de personnes entrent à l'église, les unes pour se confesser, d'autres pour s'inquiéter des horaires de messe du lendemain.

Je remarque dans un coin de la cour du presbytère, appuyée nonchalamment contre le mur de la vieille remise, une grosse moto : une 500 culbutée, de marque anglaise. À qui est-elle ? Personne ne nous a rien dit. « Elle est là depuis deux jours », commente mon collègue.

Quand nous sortons de l'église après les confessions, nous voyons arriver un alpiniste : un homme jeune qui a l'air en forme, la figure bien bronzée, la démarche souple, un sac de montagne sur les épaules. Il nous salue et explique : « Je viens chercher ma moto. Je l'avais entreposée dans la cour et n'avais pas eu le temps de vous prévenir avant de filer à la gare du Montenvers rejoindre les copains. Merci d'en avoir pris soin. Je suis le curé de l'Alpe-d'Huez. Je descends des Drus et rentre maintenant à l'Alpe pour la fête du 15 Août. Venez un jour à l'Alpe-d'Huez faire du ski ; en février, le ciel est tellement bleu qu'il paraît presque noir. »

Il enfourche sa moto, met le moteur en route d'un coup sec de manivelle, rajuste son béret sur les yeux, nous fait un signe d'amitié et met les gaz. Il est déjà tard. Il va rejoindre sa paroisse au delà de Grenoble, dans l'Oisans, par des routes encombrées de véhicules. Sa grosse moto se faufilera dans la circulation pour arriver assez vite et sans encombre à destination. Demain, ses paroissiens l'attendent pour la célébration de la messe.

Le Chanoine Louis Rhuin

(1871-1949)

« Le Curé du Mont Blanc »

Les deux vicaires de Chamonix.

Messe au camp scout de la Charlanon. Juillet 1946.

Groupe des servites de Notre-Dame avec le chanoine Rhuin et l'auteur. Pentecôte 1946.

Groupe des servites de Notre-Dame. Pentecôte 1946.

Le groupe des jeunes filles de l'Action Catholique en novembre 1948 pour la fête des « Catherinettes ».

Arrivée de la statue de Notre-Dame du Grand Retour devant l'église de Chamonix.

Promenade à Saint-Maurice (Suisse) en juillet 1948. Hélène, Lily, Andrée et les autres...

La « Fête-Dieu » à Chamonix, face à la chaîne du Mont Blanc.

Paul Bellin, guide à la Compagnie de Chamonix en été 1948.

Ascension de l'aiguille du Chardonnet par l'arête Forbes.

L'abbé Delassiat, curé des Houches de 1926 à 1951.

Sommet de l'aiguille du Moine en septembre 1952.

Arrivée au sommet du Mont Blanc en septembre 1953.

Refuge de l'aiguille du Goûter avec, en arrière-plan, la face nord de l'aiguille de Bionnassay.

Refuge du Couvercle. Septembre 1952.

Six curés dans la Vallée-Blanche. Pause casse-croûte au pied de la Dent du Géant.

L'aiguille Verte, par l'arête du Moine

3-4 septembre 1947

Viennent d'arriver à Chamonix des camarades qui désirent faire un peu de haute montagne.

Je rencontre René Payot, un guide encore jeune, plein d'avenir, et prends conseil : où pourrait-il nous emmener ?

« Vos amis ont-ils le pied montagnard ? – Oui, ils ont déjà fait quelques courses intéressantes, en amateur. – Alors, je peux vous proposer l'aiguille Verte. La Verte par l'arête du Moine. C'est un peu plus long que par le couloir Whymper, un peu moins beau, mais ce sera plus sûr : je ne peux prendre le risque d'emmener dans le couloir une cordée de quatre, avec des gens que je ne connais pas. Mais rassurez-vous : ce sera assez aérien quand même. Je compte sur vous pour les encadrer et passer en dernier de cordée. – Entendu. »

Et nous voilà tous les quatre déboulant de la terrasse du Montenvers en direction de la Mer de Glace. Nous remontons celle-ci jusqu'à la moraine latérale du glacier de Leschaux : c'est un pierrier constitué de morceaux de granit charriés par la glace ; il s'étend sur toute la rive droite du glacier. On se repère d'un cairn à l'autre pour se faufiler dans le dédale de blocs et éviter des montées et des descentes éprouvantes.

Ah ! la plaque rouge peinte sur le rocher ! elle signale le passage des Égralets, porte d'entrée donnant accès au cirque de Talèfre et au sentier qui conduit au refuge du Couvercle, où René Payot a prévu de nous attendre : il aura terminé une course avec un client qui marche bien et qu'il laissera descendre seul vers le Montenvers.

La montée des Égralets (en patois : les petits escaliers) franchit une barre rocheuse par des passages relativement faciles et des escarpements où l'on peut empoigner un câble fixé à la roche. Quelques petites échelles métalliques aident à la progression. C'est un endroit très fréquenté par les alpinistes, car le cirque de Talèfre ouvre à un éventail de courses, tant en glace qu'en rocher, et aussi par des porteurs charriant de lourdes charges depuis le Montenvers jusqu'au refuge du Couvercle, qui a besoin, comme tous ceux du massif, d'être ravitaillé durant toute la saison d'été.

Vous ployez sous la charge de votre sac, et la montée assez raide vous coupe le souffle. L'altitude se fait déjà sentir. « Ouf ! » Le mot est inscrit sur le rocher au point précis où la ligne verticale cède la place à un sentier horizontal.

Vous vous arrêtez un moment pour reprendre votre souffle, et vous jetez un coup d'œil sur le cirque de Leschaux avec en toile de fond les Grandes Jorasses, sur l'étendue du glacier du Géant dominé d'une part par le profil élancé de la dent du Géant et d'autre part par le mont Blanc.

Nous rajustons le sac sur nos épaules et nous attaquons la jolie moraine du glacier de Talèfre. Elle embaume des fortes senteurs des plantes de haute montagne, du thym des Alpes en particulier. Nombre d'alpinistes la parcourent, à la montée comme à la descente. Elle nous permet de découvrir peu à peu l'impressionnant cirque de Talèfre, de l'aiguille Verte jusqu'au mont Dolent, en passant par les Droites, les Courtes, les aiguilles Ravanel et Mummery. L'évocation de ces noms prestigieux nous fait passer dans un autre monde, un monde où l'homme est seul devant la montagne.

Comte, le gardien du refuge du Couvercle, nous accueille avec bonhomie. Il s'agit du nouveau refuge, celui qui a été béni par le curé Rhuin lors de son inauguration ; une plaque de bronze, scellée dans le granit, rappelle cet événement. Mais le vieux refuge est toujours là, à l'abri sous sa pierre qui le protège et le recouvre comme un couvercle.

Le lendemain, départ de bonne heure. L'arête du Moine, qui conduit au sommet de l'aiguille Verte, n'est qu'un immense emboîtement de roches, de cailloux, de graviers, de glace et de neige. René conduit la cordée avec sûreté. La montée n'est pas trop pénible ; la respiration siffle un peu à l'approche des « quatre mille ». Vue magnifique du sommet de la Verte sur l'étendue des Alpes françaises, suisses et italiennes.

Mais déjà il faut penser à redescendre avant que la fonte de la glace mette en péril cet équilibre plus ou moins instable. Je passe en tête, cherchant mon chemin dans le dédale des rochers, tandis que René assure la sécurité de la cordée.

Juste avant de déboucher sur le glacier... Stupeur ! Toute trace de notre montée a disparu ; à la place, une dalle de granit entièrement lisse et nue : l'amas de roches qui la recouvrait a glissé sous l'action du dégel.

Nous étions déjà passés : la chance, encore cette fois !

À la montagne, pour l'éternité

ÉTIENNE LIVACIC était d'origine yougoslave. Il avait quitté son pays pour ne pas subir la dictature communiste et il s'était installé à Paris. Chaque été le ramenait à Chamonix, où il retrouvait ses copains. Il aimait la montagne parce qu'elle était pour lui le symbole de la liberté : l'homme peut s'y accomplir, il n'a pas besoin d'autorisation.

Il m'avait fait l'honneur de son amitié, bien qu'il se dît non-croyant. Il me confia un jour : « Si je meurs en montagne, je voudrais qu'on m'y laisse. Je demande à mes amis qui m'accompagnent de ne pas redescendre mon corps. Mon plus grand bonheur serait de mourir en montagne. Vous, vous prierez pour moi ! »

Son vœu a été exaucé. On est venu me l'apprendre : « Livacic s'est tué en montagne. Son corps a glissé sous la rimaye. Impossible de l'en sortir. On a été obligé de l'y laisser. » Il a eu la fin qu'il souhaitait.

Quelques jours ont passé, une de ses amies vient me voir et me donne des messes à célébrer pour lui.

Portraits de guides

IL EST LÀ, agenouillé au fond de l'église de Chamonix, la tête entre les mains, ou le regard tendu vers la Croix. Il se recueille dans le silence.

Sa prière est un échange entre Dieu et lui, un échange où le secret tient une large place. C'est tout d'abord son secret personnel, le secret d'une vie parfois lourde à porter. Mais c'est aussi le secret du client qu'il s'apprête à prendre en charge pour le conduire en montagne. Il vient de relever son nom au bureau des guides. Il ne le connaît pas. Comment se comportera-t-il au long de la course ? Dans sa prière, il demande alors protection pour l'ascension prévue et pour la cordée qu'ils vont former. À une autre occasion, il vient remercier parce que tout s'est bien passé ; le client a été ramené sans encombre. Dieu soit loué !

Fernand Bellin est un guide de la Compagnie des guides de Chamonix. Il fait là un métier qu'il aime : faire découvrir la montagne à un étranger, lui permettre d'admirer le panorama que Dieu a créé pour l'homme. Il l'aime aussi parce que c'est un métier à risque. La montagne ne se laisse pas dompter : il faut la vaincre, et chaque fois, à chaque course, il faut recommencer. Tant que guide et client ne sont pas de retour dans la vallée, sains et saufs, la course n'est pas terminée.

Face à cet univers de pics et de glaciers, l'homme se sent petit. La longue marche d'approche, qui conduit au refuge prévu pour la nuit, permet de se familiariser avec la montagne. À la montée comme à la descente, chaque pas compte. Une vigilance de tous les instants est demandée. Gare à la pierre qui se dérobe sous votre pied et vous fait perdre l'équilibre, à celle qui, partie de là-haut, tombe dans le vide et peut vous frapper à la tête ou sectionner votre corde ! Attention à la prise descellée par le gel et qui lâche quand votre main l'agrippe ! En montagne, le danger est partout. Il reste la chance.

La chance, Fernand l'a souvent rencontrée, lui qui aime prendre des risques. Un jour, du côté des Grands Charmoz, il perdit l'équilibre et fut précipité de plusieurs dizaines de mètres sur le versant Mer de Glace. Il n'était pas encordé à cet instant. Sa chute fut amortie par le névé qui le réceptionna, et, mettant son corps en boule, comme replié sur lui-même, pour éviter d'être désarticulé, il dévala la pente à grande vitesse. Chance de n'avoir pas buté contre des rochers au cours de cette glissade, chance encore que la rimaye du glacier soit obstruée par la masse de neige d'une avalanche. Il se retrouve, comme par miracle, déposé sur le glacier, à peine contusionné, quitte pour quelques frayeurs rétrospectives. Il lui suffira ensuite de redescendre en direction du Montenvers, et de là à Chamonix, tout heureux le soir de trouver son lit ! Mais auparavant, il s'est arrêté un long moment à l'église pour prier et rendre grâce.

On sait que la chance ne repasse pas deux fois les plats. Pour Fernand, la chance n'est pas qu'un mot. Elle peut être aussi garce que la montagne elle-même, et personne ne peut s'y fier. Seule compte la foi en Dieu et la confiance mise en sa Providence. Quand il arrive au sommet du Grépon, par exemple, une fois le client installé en sûreté sur l'arête sommitale, la première chose qu'il fait avant de boire et de manger : il se débarrasse de son sac, pose son chapeau, se met à genoux devant la statue de la Vierge et fait sa prière. Cela, quel que soit le client qu'il a emmené. Le respect humain ne pèse rien à ses yeux, en regard de sa foi en Dieu.

D'autant que, pour lui, seul compte le respect de Dieu. Il lui suffit d'avoir la promesse de Dieu. Fernand est ce qu'on appelle un « divorcé-remarié », et à ce titre il est rejeté de l'Église, privé des sacrements. Un mariage manqué, au temps d'une jeunesse un peu folle, l'a amené à réfléchir sur la qualité de la vie humaine. Son second mariage, non religieux évidemment, l'a mis sur une autre voie. Il vit sa foi chrétienne intensément, mais en dehors des règles de la pratique traditionnelle. Il vient rarement à la messe dominicale, car il souffre de ne pouvoir y communier, comme le font ses enfants. Il vient plutôt en semaine, à la messe matinale quand il n'est pas en course, ou en fin de journée, seul, pour prier.

Il me fait penser à cet homme que le curé d'Ars voyait chaque jour dans son église, après sa journée de travail. Intrigué par ce paysan qui passait de longs instants à prier, les yeux fixés sur le tabernacle sans rien dire, il lui demanda un jour ce qu'il faisait. « Je lui parle, répondit-il, et il me parle. » Réponse toute simple qui émerveilla le saint M. Vianney. La religion n'est pas toujours dans ce qui paraît.

*
**

Paul Bellin, lui, est un homme plus calme.

Son activité de guide ne défraye pas la chronique : il fait son métier, tout simplement. Depuis le temps qu'il exerce, il a noué de nombreuses relations ; ce qui lui permet d'avoir des clients fidèles. Ses deux ascensions préférées : l'aiguille du Plan, avec la traversée Midi-Plan, et l'aiguille de la Persévérance, dans le massif des aiguilles Rouges.

Il a gardé la petite propriété de son père : juste de quoi entretenir deux vaches. Il est donc aussi agriculteur, au moins à temps partiel. Beaucoup de guides de la vallée cumulent ces deux professions, qui se relaient de façon intéressante dans le déroulement de l'année. Il suffit que les foins soient terminés avant que commencent les courses en montagne.

Sa femme ne peut pas le suivre dans son métier de guide. Cela ne se fait pas, d'ailleurs. A-t-on jamais vu une femme conduire des clients en montagne ? Le rôle de la femme est de rester à la maison, de s'occuper du ménage et des bêtes à l'étable, d'élever les enfants, de recevoir les clients de passage et les anciennes connaissances qui reviennent dans la vallée. De toute façon, la femme de guide attend son mari à son retour de course ; et qui saura dire son anxiété les jours de mauvais temps, quand la neige est tombée sur les hauteurs, les jours d'orage – et son angoisse de voir arriver le guide-chef porteur d'une mauvaise nouvelle ?

L'épouse de Paul Bellin garde les séquelles d'opérations chirurgicales. Elle a de la peine à marcher. Elle vit cantonnée à l'intérieur de son chalet des Pècles, où elle aime accueillir les amis et les clients de son mari.

Elle ne peut venir à la messe, aussi lui portons-nous à tour de rôle la communion à domicile, un jour de la semaine. Comme beaucoup de maîtresses de maison dans la paroisse, elle tient à faire déjeuner ou goûter copieusement le jeune vicaire qu'elle reçoit.

Notre initiative ne plaît pas au curé Rhuin : « On ne porte la communion qu'aux malades graves pendant le Temps pascal, pour leur permettre d'accomplir leur devoir pascal, et aux personnes en danger de mort, le viatique avec l'extrême-onction. »

Il faut donc savoir ruser, ne pas dire forcément où l'on va, même pour porter la sainte communion !

Le nouveau curé de Chamonix

Automne 1949

Après le décès du chanoine Rhuin, un nouveau curé est nommé à Chamonix : l'abbé René Bocquet, curé de la paroisse de Seyssel, sur les bords du Rhône. Avec une figure taillée en lame de couteau, un front haut et un regard scrutateur, il en impose d'emblée. Cette nomination l'honore ; l'évêque a remarqué ce prêtre à la fois familier, dynamique, et un tant soit peu distant. Il possède une riche personnalité, aux multiples facettes. Orateur et musicien, il sait prendre quelqu'un sous son charme, mais il sait aussi paraître indifférent, voire glacial. Un tempérament riche en contrastes !

Par rapport à la vallée de Chamonix, Seyssel se tient à l'autre bout du département. Ville autrefois frontière entre France et Piémont, sur le Rhône, elle est restée partagée en deux entités différentes, et parfois même opposées – l'une : Seyssel-Ain ; l'autre : Seyssel-Savoie. Et à trois kilomètres en aval, sur le Fier, la limite avec la Chautagne. Seyssel, rive gauche, se trouve au débouché naturel de la vallée des Usses et du plateau de la Semine. Quelques paroisses rurales parsèment l'avant-plateau : Bassy, Challonges, Usinens, Franclens, tandis que d'autres, situées plus en arrière, regardent en direction de Bellegarde. Chacune d'elles possède un curé résident.

La fin de la guerre semble avoir laissé l'activité paroissiale en l'état ; la page est tournée, après ces années de guerre et d'occupation, et le rythme s'est raccordé tout naturellement avec celui des années trente. Du moins le pense-t-on ! Car un profond changement de mentalité vient d'avoir lieu. Déjà, les jeunes de la J.A.C. bousculent les vieilles habitudes.

Ce changement se manifeste dans l'Église de France par la tenue des congrès de l'Union des Œuvres. Ces congrès ont débuté en 1858 et se sont continués, malgré quelques interruptions, jusqu'en 1939. Un évêque les a appelés « les États généraux de l'Église de France ». En 1946 a lieu le premier congrès de l'après-guerre, à Besançon, sous le titre « Paroisse, chrétienté communautaire et missionnaire ». Revient en leitmotiv la question : « Comment faire de nos paroisses (chrétiennes ou indifférentes) des paroisses communautaires ? »

Le déclic est donné à la réflexion qui va courir de paroisse en paroisse à travers toute la France. Certains évêques ne vont garder de l'adjectif « communautaire » que ce qui semblerait s'opposer à la conception hiérarchique de l'Église. Mais les prêtres qui participent à ce congrès de Besançon sont emballés par cette perspective, surtout dans le milieu rural. Là, le travail réalisé par la J.A.C. (la Jeunesse rurale catholique) porte ses fruits, et les prêtres qui ont accompagné des équipes de jeunes sont sensibilisés aux problèmes du milieu. L'abbé Bocquet est du nombre, comme d'autres prêtres du diocèse, comme les curés de Challonges et de Franclens, dans la Semine.

L'idée est reprise et élargie au congrès de Lille, en 1948 : « Structures sociales et pastorale paroissiale ». Comment acquérir la connaissance sociologique d'une paroisse ? développe le père Lebret, dominicain. Une paroisse ne peut à elle seule tout englober de la réalité sociale des individus qui la composent. D'autres forces la traversent. C'est à plusieurs qu'il faut œuvrer pour une évangélisation de la vie des personnes qui vivent et travaillent sur un territoire plus étendu que les limites traditionnelles d'une paroisse. Il faut mettre en place une pastorale communautaire qui prenne l'ensemble d'un secteur social et géographique.

René Bocquet en est convaincu, ainsi que les deux curés des paroisses voisines, qui ont le même âge et la même sensibilité que lui : Marius Montvuagnard, à Challonges, et Alfred Ritz, à Franclens. Tous trois se rencontrent régulièrement, mettent en commun leurs projets, confrontent leurs activités, prient ensemble – pratique plutôt rare dans le clergé diocésain, particulièrement en milieu rural, là où justement les prêtres sont isolés et livrés à eux-mêmes. Les trois amis en viennent à penser qu'ils pourraient prendre ensemble la charge pastorale de tout ce secteur. Et pourtant, rarement on a vu des êtres aussi dissemblables que ces trois-là ! De cette équipe, René Bocquet est le ciment.

Il demande un rendez-vous à l'évêque, Mgr Cesbron, pour lui expliquer ce qui se fait dans son secteur, combien cette coopération entre prêtres est bénéfique pour chacun ; l'avenir de la pastorale est en train de se dessiner là. Il suggère à l'évêque que les trois prêtres soient reconnus comme curés des quatre paroisses prises globalement, portant ensemble la charge pastorale. Mais le pas à franchir est trop déconcertant, trop lourd, trop neuf pour l'évêque. Cela ne se fera pas.

Un congrès de l'Union des Œuvres a lieu à Rennes en 1949. Le thème en est « Pastorale familiale ». Je m'y rends en train et je retrouve sur le quai de la gare de Lyon, à Paris, les trois prêtres dont je viens de parler. En ce matin du lundi de Pâques, il semble qu'une semaine de vacances s'ouvre devant nous. Car les offices de la Semaine sainte, jeudi, vendredi, samedi, dimanche de Pâques (et les confessions) sont assez épuisants pour le prêtre de paroisse. Un peu de détente nous fera le plus grand bien.

Nous partons de concert vers Rennes, où je participe pour la première fois à l'ambiance extraordinaire d'une rencontre de ce genre. Les conférences générales, les carrefours ou débats d'idées, les expériences mises en commun, les discussions à table, la fraternité des échanges redonnent du tonus au petit curé qui va retrouver sa paroisse dans un coin perdu de son diocèse. Désormais, le prêtre ne vit jamais seul : son travail pastoral est irrigué par les retombées de ces congrès.

C'est ainsi que, profitant de la vacance de la cure de Chamonix, en cet automne 1949, l'évêque nomme l'abbé Bocquet curé-archiprêtre de Chamonix. Il pense avoir fait là une bonne nomination, car il connaît les mérites de ce prêtre.

Le nouveau curé de Chamonix prend contact avec ses paroissiens, mais le Chamoniard n'est pas homme à se laisser circonvenir. Tant que vous ne vous êtes pas rendu chez lui pour y être reçu en ami, ou tant que vous ne lui avez pas été présenté personnellement, il ne vous connaît pas ; vous avez beau être curé ou gendarme, revêtu d'une soutane ou d'une tenue, cela ne change rien. Le montagnard ne s'en laisse pas conter, et l'apprivoiser demande du temps et de la délicatesse.

Ce n'est pourtant pas la finesse qui manque à notre nouveau curé ! Mais il est fier... Aussi le peu d'attention que lui manifeste un paroissien quand il le croise dans la rue – alors que ce dernier se trouvait à la messe du dimanche ! – a le don de le mettre dans tous ses états. Il est alors vraiment de mauvaise humeur, et ne fait rien pour changer de mine. « Ils ne savent pas que je suis leur curé ! » dit-il en maugréant entre ses dents.

Cette attitude le fait passer pour froid et autoritaire ; en son particulier et quand il le veut, il est pourtant des plus simples et des plus charmants. Il aura du mal à gommer cette première impression auprès de certains. Sa réputation de manquer de chaleur humaine ne tarde pas à s'étendre, et déjà les curés du diocèse, au détour d'une conversation entre confrères, se glissent malicieusement l'information : « Il paraît qu'il y a un nouveau glacier dans la vallée de Chamonix ! »

Soutane, piolet et stylo-plume

1950

Encore des nouvelles du curé de l'Alpe-d'Huez.

J'avais su après notre rencontre à Chamonix qu'il est un alpiniste émérite, avec pas mal de courses à son actif. D'ailleurs les Drus ne sont pas à la portée du premier venu.

Cette année, il publie un livre chez Artaud, sous le pseudonyme de Jean Sarenne, où il raconte les aventures de trois séminaristes de Grenoble qui découvrent les joies et les surprises de la montagne : *Trois curés en montagne.* L'action se passe dans l'Oisans, et le récit est savoureux.

La fin du livre comporte un épilogue : « La face nord des Drus ». Réflexions sur l'homme et la montagne qui lui viennent au cours d'un arrêt dans la descente des Drus.

« Il est neuf heures du soir. Je suis assis sur une banquette de pierre, à mi-hauteur des Drus. Mes pieds pendent dans le vide. Tiennot, mon compagnon, fume à mes côtés. Nous nous reposons en attendant que la lune se lève. Elle éclairera notre descente sur la Charpoua. »

Et le texte se termine ainsi :

« Une heure peut-être vient de s'écouler. Elle a suffi pour remplir de clarté le grand trou noir qui béait à nos pieds. La lune maintenant y fait miroiter le glacier de la Charpoua comme l'eau au fond d'un puits. Le moment est venu d'y descendre et de naviguer sur la vague bleutée des séracs. Amarré à une rive par ses câbles, un refuge nous attend quelque part. Allons, j'ai médit de lui, de moi-même et des Drus.

À minuit, l'Aventure est encore possible en montagne. »

Oisans, février 1948.

Vallorcine

La nomination

Été 1950

Voilà cinq ans que je suis arrivé à Chamonix ! Le moment va venir de quitter cette paroisse pour prendre un poste de curé. C'est la coutume du diocèse ; après quelques années de vicariat, où il est censé avoir eu le temps et la possibilité de s'initier au ministère pastoral, le jeune prêtre est appelé à voler de ses propres ailes. La durée de l'apprentissage varie. Elle dépend de la personnalité du vicaire, de l'appréciation de son curé à son égard, et aussi des besoins du diocèse, dont juge l'évêque.

Cette année, les effectifs du clergé diocésain permettent de satisfaire toutes les demandes. Chaque paroisse, si petite soit-elle, possède son curé ; il ne convient pas de démériter aux yeux des communes voisines. Et il est normal que le vicaire commence sa carrière comme curé d'une petite paroisse rurale.

Après le changement qui vient de s'opérer à Chamonix, les deux vicaires que nous sommes devront laisser la place à d'autres. Déjà, Joseph, mon collègue, vient d'être nommé curé de Praz-sur-Arly, un petit village près de Megève, et un prêtre nouvellement ordonné arrive pour le remplacer. Je m'attends donc à recevoir une nomination.

Plus exactement, mon curé recevra une lettre du vicaire général du diocèse, où celui-ci lui fait savoir que Mgr l'évêque a nommé l'abbé Untel curé de telle paroisse. Il transmettra à son vicaire cette nomination qui ne souffrira aucune contestation, et il répondra à l'autorité, par retour du courrier, que la missive lui est bien parvenue et qu'il en a fait part à l'intéressé.

*
**

Le curé de Vallorcine a reçu son changement.

L'abbé André Payot, originaire de Chamonix, occupe ce poste depuis 1942. Je le vois souvent au presbytère, à l'occasion des rencontres entre prêtres de la vallée. De tempérament ardent et de caractère rude, il campe le type parfait du curé de montagne, qui doit s'accommoder de la solitude et des rigueurs du climat. Ce n'est pas qu'il ait rejoint sa cure de gaieté de cœur : pour un Chamoniard, ce n'était pas flatteur. Car chacun sait qu'entre Vallorcins et Chamoniards, les rapports sont loin d'être chaleureux. Vallorcine se trouve de l'autre côté du col des Montets ; si ce n'est pas encore la Suisse, ce n'est déjà plus tout à fait la France – un genre de *no man's land* en quelque sorte. Mais il lui a fallu obéir, et l'évêque a dû penser que, puisqu'il est de Chamonix, il est habitué à la vie de la montagne. L'hiver isole cette vallée, « la vallée des ours », pour traduire son nom latin : *vallis ursina*. J'ai vu une fois ou deux André Payot arriver pour une réunion à Chamonix skis aux pieds et en soutane, faute de train : le trafic avait dû être interrompu par suite des chutes de neige et des avalanches sur la voie ferrée.

Lundi 26 septembre

Il a un air « entre deux airs », le curé Bocquet, quand il arrive pour le repas de midi, une lettre à la main... Je soupçonne une nouvelle surprenante. Après le *Benedicite*, il me tend une enveloppe décachetée dont l'adresse porte son nom. « C'est pour toi », me dit-il. Je sors la lettre et je lis :

À Monsieur le curé-archiprêtre de Chamonix

Monseigneur l'évêque me charge de vous faire savoir qu'il a nommé Monsieur l'abbé Claude Chatelain, votre vicaire, curé de la paroisse de Vallorcine. Il attend, par retour du courrier, confirmation de cette nomination.

Signé : Joseph PERNOUD,
vicaire général.

J'en reste perplexe, sous le regard à la fois compatissant et moqueur de mon curé. Mon nouveau collègue, André Riondel, ne dit rien. Je glisse la lettre dans la poche de ma soutane et je prends place à table. « *Alea jacta est* ! » Ce n'est pas suffisant pour en perdre l'appétit. De toute façon il n'y a pas de choix puisque l'obéissance est de règle. Mon curé me demande de garder le secret quelques jours, jusqu'à l'annonce officielle qu'il fera lui-même à la paroisse.

Je ne peux dire que cette nomination me réjouisse, toujours à cause de la réputation que les Chamoniards font aux Vallorcins. Quand on vit proche d'un endroit, on est tenté de n'en voir que les défauts ; on est porté à critiquer les habitants du village voisin ou de la vallée voisine simplement par manque de recul. C'est l'origine des histoires qui se colportent d'un pays à l'autre, voire des disputes entre villages d'une même vallée. D'autre part, Seyssel et Vallorcine sont les deux points les plus éloignés du département : aux extrémités d'une diagonale qui part de l'altitude la plus basse (250 mètres) pour rejoindre la commune la plus haute (1 250 mètres). Mais je suis jeune, et cette haute vallée de montagne ne me fait pas peur.

En fin d'après-midi, mon collègue et moi sommes en visite dans une famille de Chamonix. Au cours de la conversation, le père de famille se tourne vers moi : « Le curé de Vallorcine s'en va. J'espère que ce n'est pas vous qui allez le remplacer ! » Or la lettre de nomination se trouve dans ma poche. Je ne réponds pas, faisant l'ignorant, et j'embraye sur un autre sujet. Mais il est vrai que l'on va plaindre le jeune abbé qui sera nommé à ce poste. L'éloignement de cette vallée de bout du monde, l'aspect désolant du col des Montets, les pentes abruptes de la montagne qui versent de part et d'autre, l'étalement de petits hameaux tout au long de la route depuis le bas du col jusqu'à la frontière, sans chef-lieu proprement dit, la position solitaire de la cure et de l'église loin de toute habitation, à l'abri d'un éperon de pierres pour se protéger des avalanches, sont autant de mauvais points qui déprécient cette vallée – et, par ricochet, ses habitants. Si l'on ajoute l'altitude, la masse de neige en hiver et la difficulté des communications en mauvaise saison, on a des arguments largement suffisants à faire valoir aux yeux de l'évêque pour justifier un refus.

Et c'est bien ce qui s'est produit auparavant !

Il y a quelque temps, un prêtre du diocèse s'est présenté au presbytère de Chamonix. Il est de quatre ans mon aîné. Le curé

Bocquet est absent pour quelques jours. J'accueille ce prêtre que je connais bien, et je le vois tout catastrophé. Il me montre une lettre, où le vicaire général lui notifie qu'il est nommé curé de Vallorcine.

Ce prêtre est alors curé d'une petite paroisse de montagne où il souffre beaucoup de la solitude et du froid. Sa sœur, qui tient son ménage, est tombée gravement malade ; elle doit maintenant se soigner. Aussi a-t-il demandé à l'évêque son changement et, si possible, un poste dans un endroit moins exposé au froid et plus accessible. En considération de quoi, on lui a promis de lui attribuer une paroisse en plaine dès qu'il s'en trouvera une de libre... et voilà qu'on le nomme à Vallorcine !

Il se sent contraint et obligé, la mort dans l'âme, d'obéir à son évêque. Il s'est arrêté à Chamonix dans l'espoir d'une conversation avec l'archiprêtre, qui l'éclairerait sur ce qui l'attend à Vallorcine. Il ne connaît pas ce coin de montagne, car il est lui-même originaire de la plaine ; il n'en sait que ce qu'on en dit dans le département. Il est déçu de ne pas pouvoir s'entretenir avec l'archiprêtre. Je l'invite à partager notre repas, lui donne les horaires des trains (il fera le voyage à Vallorcine aller et retour dans l'après-midi), et lui offre de passer la nuit au presbytère.

Quand il revient à Chamonix, son état a empiré : ce qu'il a vu lui a enlevé les dernières forces qui lui restaient pour accepter la nomination. Il passe une mauvaise nuit. Le lendemain, mon collègue et moi essayons de lui remonter le moral et l'encourageons à refuser ce poste qui n'est pas fait pour lui. Vraiment, il ne peut pas assumer la situation.

Fort de notre soutien, il se rend à Annecy pour faire part au vicaire général de son refus de poste... J'ai appris par la suite qu'il avait obtenu une paroisse dans une vallée de plaine. Mais je ne pensais pas que sa défection se retournerait contre moi et que je serais appelé à prendre sa place.

Le presbytère de Vallorcine

DIRE que ma famille est heureuse de la cure qui m'échoit serait mentir. Des parents souhaitent toujours pour leurs enfants une place confortable au soleil, honorable aux yeux des gens, et dans un endroit où ils puissent se rendre facilement. Vérité générale, qui se vérifie avec plus de force encore lorsqu'il s'agit de la maman d'un prêtre : tout auréolée du sacerdoce de son fils, elle aimerait être près de lui pour le conseiller et l'aider dans l'installation de sa nouvelle demeure. Cependant, si Vallorcine est loin, le fait que j'habite Chamonix depuis cinq ans diminue la distance. Ma nomination est donc acceptée sans trop de mauvaise grâce.

Octobre 1950

Maman est montée à Chamonix pour quelques jours : elle veut visiter la cure de Vallorcine et faire les achats nécessaires à l'équipement des pièces d'habitation.

Cet après-midi, nous prenons donc le train de conserve. Octobre tire à sa fin. L'automne a dépouillé les arbres, les mélèzes ont jauni, la végétation se prépare à passer l'hiver sous la neige.

Rares sont les voyageurs qui s'arrêtent en gare de Vallorcine, et sur la route du presbytère, nous croisons peu de monde. Hôtels et pensions de famille ont fermé à la fin de l'été, les maisons ont l'air inhabitées. Des champs, grands comme des mouchoirs de poche, s'étalent le long de murettes de pierres où l'on a entassé les cailloux apportés par les avalanches. Seules quelques vaches à la robe colorée, qui font tinter leur sonnaille, mettent par-ci par-là une note de vie dans le paysage. Par groupes de deux ou trois (petits troupeaux pour de petites propriétés de montagne), elles sont à la garde fidèle d'un berger en pèlerine sombre. Il faut veiller à ce qu'elles ne broutent pas l'herbe du voisin, cette herbe précieuse parce que rare. Aucun aboiement ne trouble le silence. Joli damier de la prairie, avec toutes ces touches de couleur.

Nous quittons la route nationale pour le chemin qui conduit à l'église. Un peu avant le village du Sizeray, nous voyons arriver un groupe de jeunes filles. Elles s'arrêtent à notre hauteur, nous saluent et bavardent un instant, histoire de faire connaissance : elles viennent du presbytère où elles ont nettoyé les pièces, lavé les planchers, arrangé les abords. Après les avoir quittées, et tout en cheminant, ma mère commente : « Est-ce que tu as remarqué leurs habits ? Pour des filles de la campagne, c'est remarquable ! » Effectivement, ma mère a raison. Elles portaient des fuseaux bien coupés et des anoraks de couleur de très bon goût, un foulard discret autour du cou. En général, les filles de la campagne veulent copier la mode de la ville, la mode de Paris, imiter les mannequins en portant des vêtements excentriques aux couleurs voyantes. Dès qu'elles sortent, on dirait qu'elles s'affublent, voulant renier leur milieu.

Ces jeunes filles au contraire font preuve d'un sage équilibre. Signe encourageant : le tourisme a apporté une culture différente, a ouvert à d'autres modes de vie et de pensée, mais si le greffon a été bien supporté, c'est que la mentalité du pays était bonne. Ai-je tort d'y pressentir aussi l'influence de la J.A.C. ?

Après avoir dépassé les maisons du Sizeray, on aperçoit, un peu sur la hauteur, l'ensemble formé par l'église et le presbytère ; au-dessus et coiffant le tout, la *tourne*, l'éperon de grosses pierres qui protège de l'avalanche. Juste dans l'axe qui mène au sommet de la montagne, on voit très bien le couloir en éventail où les coulées de neige doivent se précipiter. En contrebas, le cimetière. Quelques sorbiers ornent la petite place au-devant de l'église. En dehors de cela, aucune maison, aucun arbre. La solitude veille de part et d'autre pour ne laisser aucune prise à l'avalanche, et pour maintenir un silence religieux autour de l'église, de la cure et du cimetière.

Le presbytère est propre, simple et convenable. Au niveau de l'église, l'entrée donne sur un couloir qui traverse la maison de part en part et qui ouvre sur les pièces d'habitation. À droite, la cuisine, et, en enfilade, la salle à manger puis ma future chambre-bureau. À gauche, du côté nord, une pièce destinée aux répétitions de la chorale et aux réunions de jeunes, un corridor qui mène aux W.-C. et à la resserre garde-manger, l'escalier qui descend au sous-sol, la porte qui donne accès à l'escalier du grenier, et une chambre d'angle assez vaste. Le sous-sol (de plain-pied avec le jardin) reprend le même plan. J'y remarque le bûcher et, versant sud, le *pèle* avec son fourneau en pierre de Bagnes, une petite chambre, l'ancienne cuisine comportant la grande hotte de cheminée, un four à pain et un bassin de pierre. Cet appartement était utilisé autrefois durant la saison hivernale ; on s'y trouvait plus au chaud et à l'abri des risques de l'avalanche. Il n'est plus en état maintenant ; l'humidité a abîmé les sols et les murs.

Les cordons de la bourse

Où trouver des fonds ? Eh oui, c'est une question importante pour tout jeune prêtre nommé curé ! Car une maison n'est rien tant qu'elle a les murs nus. Et un curé, en partant, emporte tout son mobilier. Au nouveau venu d'équiper de A à Z la cure laissée vide. Mais un vicaire ne touche aucun traitement ; il n'a à sa disposition que les honoraires des messes qu'il célèbre, et ce qui lui revient à l'occasion des baptêmes, des mariages et des sépultures. Et encore, il doit prélever sur ces maigres ressources de quoi régler sa pension au curé qui l'héberge et le nourrit. Le montant en est fixé annuellement par l'évêché ; il ne grève pas trop le budget du vicaire, mais reste notoirement insuffisant pour permettre au curé de fournir une nourriture correcte. C'est la misère en quatre volumes.

Aussi, pour se meubler, faut-il faire appel à l'affection de sa famille et de ses amis, et à la charité des paroissiens. Normalement, cela ne pose pas de problème. Mais si l'aide des parents et des paroissiens, pour une raison ou une autre, vient à manquer ? De toute façon, l'évêché ne se pose aucune question et n'assure aucun financement.

Il ne se préoccupe pas davantage de la solitude du jeune prêtre qui va quitter un presbytère de ville où il rencontrait du monde et bénéficiait des services de la gouvernante de son curé pour la cuisine et l'entretien de la maison. Je dois me mettre à la recherche d'une bonne de cure qui tienne mon ménage. Ce n'est pas chose facile et on ne se presse pas au portillon : l'isolement auquel condamne cette fonction, le peu de considération dont elle jouit auprès de beaucoup de gens, le maigre salaire – autant de facteurs qui découragent les rares initiatives. À Vallorcine s'ajoute encore le handicap géographique. Trouverai-je quelqu'un ? Mon prédécesseur n'a personne à son service ; il est vrai que sa mère, la Canie, a trop de caractère pour tolérer aisément la présence d'une femme dans l'intérieur de son fils. Le curé d'Argentière a sa maman. Quant au curé de Chamonix, il est obligé de faire appel à des personnes de bonne volonté ; elles viennent un temps, une saison, mais ne restent pas. La profession de bonne de cure devient un art peu pratiqué...

À moins qu'une personne âgée, mais encore vaillante, accepte de passer quelques années aux côtés d'un prêtre. Elle y trouve l'occasion de se dévouer utilement.

*
**

Un jeune de Chamonix me parle d'une de ses tantes (une tante à son père, exactement) qui, ayant appris ma nomination, s'est d'emblée proposée pour m'accompagner à Vallorcine. Mme Lantin – c'est son nom – vient d'avoir soixante-quinze ans ; elle est veuve depuis plusieurs années. Originaire de Rethel, dans les Ardennes, elle a dû déménager à chaque guerre qui a ensanglanté l'Est de la France ; après la dernière, elle a décidé de ne pas retourner dans son pays. Ses enfants étant établis, elle s'est placée comme cuisinière dans une maison de maître en Limousin ; elle s'est ensuite rapprochée de son neveu, à Chamonix. Mais l'inaction lui pèse. Aussi est-ce avec joie qu'elle envisage de monter à Vallorcine. Elle s'y plaira car elle ne craint pas la solitude.

En ce qui concerne le bâtiment lui-même, le jeune prêtre doit s'entendre avec la commune, propriétaire du presbytère, pour qu'elle veuille bien entreprendre quelques travaux de ravalement, au moins les plus urgents. Mais outre le fait qu'elle n'est pas légalement tenue à la réfection intérieure, il se trouve que chaque fois il s'agit d'une petite commune, au maigre budget : première cure signifie petite paroisse en monde rural ; c'est le premier échelon de la carrière ecclésiastique.

À Vallorcine, le maire accepte de faire reblanchir la cuisine ; on en profitera pour démonter la hotte de cheminée et fermer le tout par une trappe. Le confort de la pièce sera amélioré pour les jours d'hiver. J'installerai un fourneau à plaque chauffante que je viens d'acheter.

Emménagement

Il y a de quoi faire, quand on débute à zéro, pour équiper une maison – cuisine, salle à manger, chambres... sans oublier le bric-à-brac destiné au nettoyage, à la lessive, au travail d'un jardin !...

Mes parents m'ont préparé tout un nécessaire.

Je descends à Seyssel avec un homme de Chamonix et son camion : je n'ai pas d'argent pour payer un déménageur. Sur place, on charge ce que mes parents ont mis de côté à mon intention ; ils n'ont rien négligé pour que leur curé de fils soit logé le mieux possible. Si bien que j'imagine déjà mes sœurs, cherchant en vain tel plat ou tel objet de ménage dans la maison familiale, répéter en leitmotiv : « Il est à Vallorcine ! » Sans aucune acrimonie, bien sûr !

Au moment où l'on ferme la ridelle du camion, une voisine s'approche : « Est-ce que vous emmenez aussi votre maman ? – Oh ! non ! Une maman, c'est le dernier meuble dont un curé doit s'embarrasser ! » Ma mère, à côté de moi, me donne une tape sur le bras, comme on reprend affectueusement une plaisanterie de gamin effronté. Mais elle me comprend à demi-mot. Il n'est pas question qu'elle m'accompagne : elle a un mari, des enfants, ainsi que tout un train de maison et un commerce.

D'ailleurs, je crois que ce n'est jamais une association heureuse. La mère d'un prêtre – célibataire par définition – a tendance à se faire envahissante. Elle devient vite la maîtresse de maison, et bientôt une marâtre... Son fils ne veut pas la reprendre : « *Père et mère honoreras.* » Et de guerre lasse, il lâche les rênes, tout doucement. J'en connais beaucoup d'exemples. Je me rappelle cette maman qui s'arrogeait le droit de répondre pour son fils et congédiait le visiteur qui sonnait au presbytère : « Nous ne confessons pas aujourd'hui. » Et elle ne laissait pas entrer le paysan qui venait voir son curé, sous prétexte que ses souliers étaient maculés de terre.

Un jour que je fais remarquer à l'abbé Jacob, curé d'Argentière, sa manière de remettre sa mère à sa place, il m'explique : « Mais je suis obligé d'agir ainsi. Car au bout de peu de temps, je ne serais plus chez moi ! » Pourtant le fils aime beaucoup sa maman, qui le lui rend bien. Et il me raconte l'histoire de l'instituteur de sa commune, jeune et célibataire : quand il veut sortir le soir, pour ne pas avoir à affronter sa mère, qui tient son ménage, il passe par la fenêtre de sa chambre !

Mieux vaut dire les choses d'emblée, quitte à faire un peu de peine sur le moment. La situation est plus claire pour l'avenir.

*
**

Je peux emporter la table de bureau et le lit de ma chambre de Chamonix : le chanoine Rhuin en fait don à chacun de ses vicaires.

Ce n'est pas tout ; mon collègue Joseph et moi avions chacun commandé à un paroissien ami, ébéniste de son métier, le même ensemble en chêne propre à meubler une pièce de notre nouvelle cure : bureau, bibliothèque et cosy-corner. Maintenant il est prêt à nous livrer ce mobilier, où il a mis toute sa compétence. Il a utilisé du bois suffisamment sec, qui ne travaillera pas. Et il ne nous demande que le prix du matériau ; il nous fait cadeau de ses heures. Ce beau travail, avec un motif en pointes de diamant, en a d'autant plus de valeur à nos yeux. D'autres dons – meubles et linge de maison – proviennent de paroissiens.

*
**

Date de mon installation : le dimanche qui suit la fête de Toussaint. Fixée d'un commun accord entre l'archiprêtre de Chamonix, le maire de Vallorcine et moi.

*
**

Plus que quelques jours.

J'emménage et déjà, avant les formalités officielles, je me sens vraiment le curé de cette paroisse. Je rends visite au maire, Albert Burnet, un ancien de la J.A.C., jeune marié et père de famille. Je rencontre Camille Ancey, de Barberine, responsable de la chorale, et l'invite au dîner d'installation.

*
**

Cet après-midi, je suis allé voir l'instituteur, qui est aussi le secrétaire de mairie : Antoine Bocquet. Il n'est pas pratiquant. Mais il était l'ami du curé Payot. Je l'invite lui aussi.

*
**

Tandis que je vais d'une maison à l'autre, à travers champs, pour faire mes invitations, un sentiment étrange m'envahit, parce que maintenant je peux dire cette petite phrase : « Je suis chez moi. »

Chaque curé est maître dans sa paroisse – maître après Dieu –, et chaque paroissien attend son curé comme s'il allait lui ouvrir les portes du ciel. Je ne mesurais pas à quel point tout cela est vrai et ne me rendais pas compte que chacun porte en soi une mentalité de propriétaire. Volontiers, je serais resté prêtre au sein d'une équipe. L'expérience que je viens de vivre pendant cinq ans à Chamonix, malgré les difficultés et les déficiences inévitables, m'a beaucoup apporté. Quand on est jeune, la vie d'équipe ne pèse pas. Mais l'église a coutume d'attribuer un curé à chaque paroisse. L'évêque attend de ses prêtres une obéissance entière, comme il nous l'a fait promettre le jour de l'ordination.

René Payot, le destin d'un guide

Novembre 1950

Un avion indien, le *Malabar Princess*, s'est écrasé sous le mont Blanc. Je rencontre René Payot dans une rue de Chamonix. Il me dit que le lendemain il part en direction des Grands Montets, à la tête de l'expédition lancée au secours d'éventuels rescapés. Je lui souhaite bonne chance, car le temps est franchement mauvais et il a beaucoup neigé en altitude. Mais cette fois, hélas, la chance ne sera pas au rendez-vous !

Prisonnier d'une avalanche, René Payot ne reviendra pas vivant de la montagne.

Vivre là-haut, c'était son rêve. Passionné des cimes, c'était comme s'il avait trouvé un merveilleux trésor, et débordant de joie, il ne pouvait garder son secret pour lui seul ; il fallait qu'il en entraîne d'autres là-haut... Il se fit guide de montagne.

En 1945, René Payot accompagne des clients au Grépon, cette magnifique muraille de granit qui domine Chamonix, et au sommet de laquelle, en 1927, des guides [5] scellaient une statue de la Vierge.

René Payot arrive en tête de sa cordée et, avant le dernier rétablissement pour étreindre la cime de ses bras musclés de montagnard, il encercle le socle de la statue et se hisse sur le sommet. À une cordée qui l'a précédé, il dit tout simplement : « C'est la meilleure des prises, celle-là, elle ne lâche jamais. »

Bel acte de confiance en Marie ! Tout dans son visage largement ouvert respire la droiture, la loyauté. Fidèle, chaque fois que cela lui est possible, à la prière mensuelle des hommes à Marie ; au premier rang de ses pairs, lors de la bénédiction des cordes et des piolets le matin du 15 Août, ou encore, lors de la Fête-Dieu.

À la veille de son départ pour le sauvetage des victimes du *Malabar Princess*, il confie à son curé son angoisse : « C'est fou, ce que nous allons tenter, nous allons y laisser notre peau. »

Inquiet, certes, il l'était, mais conscient du devoir à accomplir, de l'exemple à donner, il partait en « premier de cordée » là où Dieu avait fixé son destin. Parmi tous ceux qui connaissent la montagne et ses dures lois, il n'y a pas de doute : son sacrifice a sauvé ses camarades de cordée et ceux des cordées suivantes car, plus haut, d'autres dangers les attendaient.

Cet exemple des sauveteurs en général, et de René Payot en particulier, comporte une triple leçon :

– une leçon de courage invincible : ils sont partis malgré l'inquiétude et le danger certain ;

– une leçon d'oubli de soi pour les autres : l'espoir de retrouver un passager vivant était chimérique, mais il fallait en être sûr, et pour cela tenter l'impossible, même s'il y avait des risques ;

– une leçon d'entraide des équipes : elles partent solidaires, les premières préparant la trace pour les suivantes. Lorsque René Payot sera tombé, toutes les cordées uniront leurs efforts pour le sortir de la crevasse, sans penser au danger immédiat qui menace [6].

La cérémonie de l'installation

Samedi 4 novembre

Je suis descendu passer la nuit au presbytère de Chamonix. Comme il est de règle, demain je paraîtrai découvrir pour la première fois paroisse et paroissiens en compagnie de l'archiprêtre.

Dimanche 5 novembre

Au matin, nous arrivons tous les deux en gare de Vallorcine et nous dirigeons vers l'église. Au presbytère, nous revêtons les habits liturgiques.

Dix heures : devant le porche de l'église, le maire, Albert Burnet, fait son discours de bienvenue – à quoi se résume tout le décorum. Le ton est sobre, à l'image de la montagne qui nous entoure. On ne perd pas son temps en salamalecs. (J'ai déjà appris à Chamonix que le montagnard n'aime pas discourir, ni étaler ses sentiments.) Il y a cependant beaucoup de monde, et l'église se trouve remplie.

La messe commence par le rite de l'aspersion. L'archiprêtre, revêtu de la chape, entonne l'*Asperges me* et descend dans la nef pour asperger la foule avec l'eau bénite. Après l'Évangile, il monte en chaire pour donner lecture de la lettre de l'évêque d'Annecy portant ma nomination à la cure de Vallorcine. Il me présente en quelques mots et rappelle le souvenir de l'abbé Payot, mon prédécesseur, qui a bien œuvré pour la paroisse. Il émet le souhait que la même collaboration unisse les paroissiens et leur nouveau curé. Il me rejoint dans le chœur, puis il accomplit le rite de l'installation proprement dit, par lequel il remet l'église entre mes mains : il me conduit successivement à l'entrée, où je dois ouvrir et fermer la porte ; au confessionnal, où je dois entrer et m'asseoir à ma place ; à l'autel, au maître-autel, où je dois ouvrir et fermer la porte du tabernacle ; à la stalle du chœur, où il me passe l'étole et m'encense ; et enfin à la chaire, où il me laisse. Et je donne mon premier sermon à mes paroissiens.

La cérémonie d'installation est alors terminée : je suis le curé de Vallorcine et peux célébrer la messe dominicale. La chorale, que je découvre, chante le propre et l'ordinaire de la messe de ce dimanche ; chœur magnifique qui surprend dans une petite église de montagne.

Retour au quotidien.

Midi, au presbytère. Je retrouve toute ma famille, venue de Seyssel pour la circonstance. Mon père, qui n'a plus de voiture depuis la guerre, a dû recourir à l'obligeance d'un voisin qui l'a amené, avec mon frère et une de mes sœurs. Sur la galerie de l'automobile, il avait posé des caisses de pommes en provenance de son verger. En passant au col des Montets, une partie des fruits a gelé. « Quel f... pays, tempête mon père ; je n'y remettrai plus les pieds en hiver ! »

Un drame au presbytère

Une nuit d'été. Le petit balcon du presbytère, face au cimetière. Un homme saute et s'enfuit... Qui m'a raconté ce drame ?

Cela se passait en des temps très anciens, aurait dit Victor Hugo. Exactement, dans la nuit du 12 au 13 août 1867. La Savoie vient d'être rattachée à la France. Le curé de Vallorcine est le révérend Mariaz ; le fuyard se nomme Vicairy.

Vicairy, un Valdôtain, se présente au presbytère ; il demande au curé de porter les derniers sacrements à un bûcheron de ses amis qui s'est accidenté du côté de Barberine. Il faut faire vite : le malheureux va mourir. Le curé prend les saintes huiles, son étole, son surplis, enfile un manteau. « Je vous suis », dit-il. Et il tire la porte derrière lui.

Les deux hommes descendent rapidement la route (l'ancien chemin, aujourd'hui) qui passe au pont sur l'Eau Noire. Là, le Valdôtain assène un violent coup de poing au curé, derrière la tête. La victime s'écroule, assommée. L'autre alors le prend et le jette par-dessus le parapet, dans le torrent. À cet endroit, il y a un trou d'eau, une *gouille* ; il compte que la noyade achèvera son œuvre. Il attend quelques minutes pour plus de sûreté. Rien ne bouge. Il remonte en courant au presbytère, frappe à la porte et assomme la servante quand elle lui ouvre. Puis il attrape une corde, ligote la respectable femme et la bâillonne : il sera tranquille pour chercher l'argent du curé.

Mais il n'a pas le temps de mettre la main sur le magot présumé que le curé est déjà sur le seuil.

En effet son plongeon dans l'eau froide lui a fait reprendre ses esprits ; ouvrant un œil, il aperçoit son homme, penché sur le parapet, qui le regarde. Il fait le mort car il sait très bien ce qui l'attend, au moindre mouvement, et il devine les motifs du guet-apens. Aussitôt l'agresseur parti, il se relève. La soutane ruisselante, il grimpe jusqu'au village du Mollard (dont le sentier rejoignait la route), et frappe à la maison Vouilloz.

Passée la surprise de voir son curé en tel état, Félix Vouilloz prend son fusil et l'accompagne jusqu'au presbytère. Alerté par le bruit, Vicairy saute par-dessus le balcon sans demander son reste. Il prend ses jambes à son cou, franchit la frontière et se réfugie en Valais.

Vouilloz, avec l'aide de quelques voisins, organise une battue en direction de la Suisse. Ils poussent jusqu'à Salvan et débusquent leur homme, que la police locale arrête et remet aux autorités françaises.

Le curé Mariaz, lui, délivre sa gouvernante.

Tous deux en furent quittes pour la peur. Vicairy fut jugé et condamné à mort : à l'époque, la justice ne badinait pas, surtout la justice impériale. À titre d'exemple pour le peuple, on fit monter la guillotine à Chamonix, et Vicairy fut exécuté le 28 janvier 1868.

Depuis, le pont sur l'Eau Noire est appelé le pont Mariaz, en souvenir du curé, héros de cette triste histoire.

Grande solitude de la cure de Vallorcine, hantée par l'ombre du banditisme et la menace de l'avalanche. Située entre la maison de Dieu et le champ des morts, elle peut compter sur eux pour être protégée.

Madame Lantin

MADAME LANTIN n'a peur de rien. L'isolement de la cure ne l'impressionne pas. L'histoire du curé Mariaz et de son infortunée servante la laisse de bois. Je pourrai m'absenter deux ou trois jours, elle n'aura besoin de personne pour lui tenir compagnie, même la nuit.

Vraiment, elle n'a peur de rien. Sauf... des souris. Qu'une de ces petites bêtes file en flèche dans la cuisine, en un tournemain la voilà perchée sur la table – jusqu'à ce que l'intruse disparaisse dans un trou.

Bientôt le salut lui vient d'un chat, qui rétablit l'ordre dans la maison.

Le monde est petit

J'AI RENCONTRÉ Jules Vouilloz dans sa maison du Mollard. Et nous nous sommes tout de suite reconnus. « Vous vous souvenez, monsieur l'abbé, me dit-il, quand nous nous sommes trouvés dans le même train pour aller à Paris ! Moi, je partais assister à la prise d'habit de notre fille Odette, religieuse chez les Servites de Marie, à Groslay, et vous, si je me souviens bien, vous alliez à une rencontre de prêtres, je ne sais plus où. Vous deviez retrouver des confrères. »

Si je me souviens ! C'était en 1949, au soir du dimanche de Pâques. Je me rendais au congrès de l'Union des Œuvres, à Rennes, et j'avais pris le train à Chamonix. Jules Vouilloz s'était présenté, et nous avions fait connaissance. Au Fayet, nous sommes montés évidemment dans le même compartiment pour le train de nuit, celui qui arrive à Paris à sept heures du matin. J'avais rendez-vous, en gare de Culoz ou, en dernier ressort, en gare de Lyon, avec trois prêtres amis, de Seyssel et des environs, qui devaient eux aussi assister au congrès.

La Semaine sainte avait été très chargée. Mon collègue et moi regrettions que le chanoine Rhuin n'ait pas fait venir un prêtre en supplément. En effet, les offices liturgiques des trois jours saints, pleins de richesse symbolique, font un canevas idéal pour un approfondissement de la foi et de la vie spirituelle. Les prédications et les confessions s'inscrivent tout naturellement dans ce contexte. Et la solennité de Pâques clôt dans la joie une semaine où il est demandé beaucoup d'efforts et de sacrifices aux chrétiens qui participent aux offices, préparent leur confession pascale, tout en observant le jeûne du Vendredi saint et en assurant leur travail habituel. C'est une semaine qui convient parfaitement à un temps de réflexion et de conversion. Mais le chanoine Rhuin avait l'habitude d'inviter quelqu'un pour une retraite pascale prêchée la deuxième semaine après Pâques, et il ne voulait pas en changer.

Si bien que ce soir de Pâques, j'étais fatigué, complètement « vidé ». Le congrès en Bretagne promettait quelques jours de diversion qui seraient les bienvenus.

Assis l'un à côté de l'autre, nous bavardions. Jules Vouilloz émaillait sa conversation de mots bien sentis, de traits d'humour et d'exemples pris sur le vif. Je supposais que, guide à la Compagnie de Chamonix, il avait acquis cette culture au contact de ses clients. Sa figure reflétait sa vivacité d'esprit ; dès qu'un sujet éveillait son intérêt, un sourire illuminait ses traits, et ses yeux brillaient d'intelligence. Il faisait bon causer avec lui ; le voyage serait plaisant. J'étais agréablement surpris : Vallorcin, il ne correspondait pas du tout à l'image que se fait tout bon Chamoniard des habitants de la « vallée des Ours ». Et puis il était profondément croyant, il rendait visite à sa fille religieuse – nous étions faits pour nous entendre.

Nous arrivions à la hauteur de Bonneville, et la nuit était déjà largement tombée, quand il propose : « Monsieur l'abbé, c'est l'heure de manger. Vous allez bien casser la croûte avec moi. J'ai tout ce qu'il faut. » Et aussitôt il se lève, prend la valise qu'il avait posée dans le filet, l'ouvre et m'invite gentiment à prendre quelque chose. Je refuse, car je suis trop fatigué pour avoir faim, et lui explique en deux mots combien la Semaine sainte a été éprouvante. Cela ne l'empêche pas de manger de bon appétit ; il a sorti son Opinel, et fait un sort aux provisions que sa femme a préparées. Quand il a terminé, il remet tout en place et compatit : « Vous n'avez déjà pas grand-chose dans votre soutane ! Si vous ne vous sustentez pas mieux, vous allez dépérir ! »

En gare de Culoz, je descends du train juste le temps de constater que mes amis ne sont pas au rendez-vous.

On repart. Les heures s'écoulent lentement. Le train roule en direction d'Ambérieu et de Bourg-en-Bresse. La conversation languit, jusqu'au sursaut de mon compagnon de voyage : « Il faut tuer le temps. Si on mangeait un bout ? » Et de nouveau la valise et les victuailles : pain, charcuterie, fromage. Qui n'admirerait la vitalité de cet homme, plus âgé que moi, gaillard et toujours de bonne humeur ?

En gare de Lyon, nos routes se séparent. Je dis au revoir à mon Vallorcin d'une nuit. Je n'imaginais pas qu'il serait un jour mon paroissien.

La Jeunesse agricole catholique (La J.A.C.)

La jeunesse de la paroisse fait plaisir à voir : elle est nombreuse et marquée par la J.A.C. Mon prédécesseur organisait des réunions de jeunes gens et de jeunes filles pour assurer leur formation, selon la devise de l'Action catholique : « Voir, juger, agir. » La méthode s'est révélée efficace : ils prennent du recul pour observer les conditions de vie et de travail, se forger un jugement et éventuellement apporter un changement. Tout ne peut se faire dans l'immédiat, mais l'idée est en germe ; elle portera du fruit plus tard. D'ailleurs, des résultats apparaissent déjà.

Ainsi, l'élection du jeune maire de Vallorcine, Albert Burnet. (Il a fait partie dès le début de ce groupe de J.A.C., s'est marié avec une jeune fille du pays, elle aussi membre du groupe de J.A.C.F. Il dirige une exploitation agricole, activité insuffisante pour subvenir aux besoins du ménage. Aussi a-t-il appris le métier de cordonnier, qu'il exerce en collaboration avec son frère.) Le fait qu'il ait pu être placé à la tête de la commune, malgré sa jeunesse, mérite de retenir l'attention. Habituellement, en milieu rural surtout, on choisit un homme d'âge respectable, qui ait de l'expérience, ne bouscule pas trop les habitudes et fasse le moins de dépenses possibles – souvent un notable. Cet exemple illustre la démarche de l'Action catholique spécialisée et témoigne de son influence : elle veut changer le milieu de vie, et pour cela elle promeut des hommes du terroir qu'elle aide à se former et à prendre des responsabilités.

En outre, cette méthode ouvre les jeunes de la campagne ou de la montagne, comme ici à Vallorcine, à une perspective nationale. La J.A.C. s'est donné un président national, provenant d'un coin de la terre de France, propose des revues de formation et d'information, des rassemblements et des congrès qui réunissent la jeunesse au niveau départemental ou national. L'esprit du petit pays montagnard, qui risque de se confiner et de se restreindre aux limites de sa vallée, éclate sous la poussée de tous ces appels. Le milieu rural s'ouvre à d'autres formes de vie, car s'il est fier d'être paysan, comme le proclame le chant de la J.A.C., il ne se résume pas à cette activité terrienne ; il englobe l'ensemble des professions qui vivent du travail de la terre au second degré : menuiserie, maçonnerie, métiers de l'électricité, hôtellerie. Oui, même l'hôtellerie, car il se voit confronté au monde du tourisme et il ne peut laisser des affairistes le supplanter. D'ailleurs, sans être forcément hôtelier, l'agriculteur ou l'artisan peut recevoir chez lui des vacanciers à qui il loue un appartement ou un chalet. Le contact avec des citadins venus passer quelques jours en montagne, peut être bénéfique à condition que les ruraux ne se sentent pas écrasés par ceux que l'on appelle encore des « étrangers ». C'est un des bienfaits de la J.A.C. de les initier à la culture, simplement en les formant et en les aidant à prendre leurs responsabilités au sein du groupe.

À la fois parce qu'ils sont avides de culture et parce que la longueur de l'hiver leur en laisse le loisir, les jeunes ne manquent aucune réunion. Ils en redemandent même, car ils aiment se retrouver. Sauf la crainte de l'avalanche, rien ne les retient à la maison. Ce soir, le vent souffle la neige en tourbillons et heurte violemment les volets de la cuisine. Mme Lantin prédit : « Avec un temps pareil, il ne viendra personne. » À peine a-t-elle terminé sa phrase que l'on entend des crissements de skis sur la glace du chemin, devant le presbytère. J'ouvre la porte. Ils sont là, comme si de rien n'était. Ils rangent soigneusement leurs skis à plat, le long du mur, à l'abri du vent, se contentent de rentrer leurs bâtons. Le feu est vite allumé, les anoraks suspendus aux patères pour sécher, et la réunion se déroule. À la fin, ils repartent, le visage fouetté par le vent et la neige, heureux de s'être revigorés à la chaleur de l'amitié.

« Notre force, c'est notre amitié », dit la devise de la J.A.C. Cette amitié, qui est le ciment du mouvement, ne naît pas de théories bâties sur l'abstraction ni d'un endoctrinement social ou politique : elle vient de l'amitié même du Christ. C'est pourquoi toute réunion débute par un partage d'Évangile. Un passage est lu, et chacun est invité à dire ce que cette lecture lui suggère. Ensuite, et ensuite seulement, la discussion porte sur un thème de la campagne d'année ; là encore, chacun est invité à donner son point de vue. Pédagogie très active, car elle oblige à formuler sa pensée en phrases compréhensibles et accessibles à tous, et elle enseigne l'écoute de ce qui dit l'autre.

Si le prêtre assure le rôle de meneur de jeu, il n'accapare pas la discussion à lui seul, il n'est pas le penseur de l'assemblée. Il intervient pour relancer le débat ou empêcher qu'il ne s'égare, pour rectifier une assertion qui s'éloigne de l'esprit de l'Évangile, ou pour permettre à un jeune un peu timide de s'exprimer. En ce sens-là, le prêtre est vraiment le serviteur de tous. Son humilité est mise à rude épreuve, et il a de la peine à trouver sa véritable place. D'autant qu'il n'a pas été préparé à cette tâche. Le jour de son ordination, l'évêque lui a dit : « *Opportet praesse, predicare et celebrare* (le prêtre doit présider [textuellement : être au-dessus], prêcher et célébrer). »

Expérience tout à fait enrichissante où je réalise pleinement ma vocation de prêtre au service de ces jeunes qui me font confiance. Écouter et comprendre chacun d'eux pour lui-même, et non pas à travers le prisme qu'est mon jugement.

Chantres et chanteuses

UNE FANFARE avant la guerre (mais elle a disparu et n'a pu être relancée), aujourd'hui une chorale solide, que je trouve à mon arrivée forte de trente-cinq à quarante membres, chantant à quatre voix mixtes, avec un directeur et un organiste : les Vallorcins ont le goût inné de la musique.

L'essor de la chorale est l'œuvre du curé Payot qui a mis à profit le succès des réunions de la J.A.C. – garçons et filles – pour former choristes, chefs de chœur et organistes. Quelle aubaine pour moi qui n'ai jamais fait partie d'une chorale et qui n'ai pas l'expérience du chant et de sa direction !

Une chorale mixte n'est pas approuvée par les constitutions synodales du diocèse. Les répétitions ne peuvent avoir lieu en commun ; et à l'église, chantres et chanteuses doivent être séparés, à la fois géographiquement et dans leurs interventions. Le corps des chantres prend place au chœur, dans l'environnement du célébrant, et tient le rôle principal au cours de la messe. Il laisse aux demoiselles, qui restent dans la nef, groupées près de l'harmonium, le soin d'interpréter quelques cantiques. (Je revois les figures des chantres, autrefois à Seyssel, à leur place dans les stalles du chœur. Il leur revenait l'honneur de chanter les louanges de Dieu en latin, aux yeux de toute l'assemblée, le dimanche matin à la grand-messe et l'après-midi à vêpres. Pour marquer l'estime qu'il leur portait, le curé les recevait à dîner au presbytère le dimanche de l'Épiphanie, le jour des Rois.)

Mais les jeunes curés de l'après-guerre, poussés par les mouvements de la jeunesse catholique, ont constitué des chorales mixtes, sans demander la permission de l'autorité. C'est de bonne guerre. « Le meilleur moyen d'avoir une autorisation, c'est de ne pas la demander » : réponse – avec un fin sourire dans lequel brillait un peu de malice – du directeur diocésain des œuvres, à qui Joseph et moi, à Chamonix, exprimions notre souhait de célébrer la messe de minuit dans la patinoire, plus vaste que l'église et mieux apte à accueillir la foule des paroissiens et des hivernants.

Si, au cours de la célébration de la messe, la mixité d'une chorale ne pose pas tellement de problème, par contre pendant les répétitions et les trajets, elle pourrait favoriser les flirts interdits. Aussi l'autorité diocésaine recommande aux curés d'être attentifs à la bonne tenue morale des participants.

Le curé Payot tenait à sa chorale mais ne voulait pas qu'elle donne à ses jeunes l'occasion de tomber dans le péché. Il décida donc, pour éviter rapprochements et tentations à la fin des répétitions, que les garçons sortiraient seuls les premiers ; les filles suivraient un bon moment après. Il s'aperçut assez vite que les garçons attendaient les jeunes filles un peu plus loin, assez près d'un grenier, et que tout ce petit monde s'accompagnait dans la nuit pour rentrer chacun chez soi.

« J'ai manqué de psychologie », se dit-il. Et il inversa l'ordre des sorties, sûr que les jeunes filles se hâteraient de regagner sagement leur toit. Que pensez-vous qu'il arriva ? Elles firent de même : attendirent les garçons un peu plus loin. Le curé Payot renonça à ces mesures de rétorsion ; dorénavant, les jeunes quittèrent tous ensemble les répétitions. Et il n'y eut pour autant ni flirts ni grossesses prématurées : la camaraderie l'emportait sur les forces mauvaises.

La soutane et le ski

MA PREMIÈRE FÊTE de Noël à Vallorcine est passée. J'entreprends de visiter les malades et les personnes âgées retenues à la maison. Ils ne sont pas très nombreux. Je les prépare à recevoir la communion que je leur porterai le lendemain, et les confesse dans cette intention.

Comme les chemins ne sont pas dégagés, je chausse mes skis au sortir du presbytère, après avoir remplacé la soutane par une paire de fuseaux et un anorak noirs. Pour moi, cette tenue ne pose pas de problème, et pour la majorité des Vallorcins non plus. J'en ai parlé avec quelques parents : ils n'y voient aucun mal. Les jeunes, eux, trouvent cela normal.

⁂

Aujourd'hui, c'est le tour d'Éphise, un grand-père qui a des ennuis avec ses yeux ; il habite au sommet de la commune. Nous conversons tous les deux avant de passer aux choses sérieuses. Il s'est déjà préparé en faisant son examen de conscience. Je l'entends donc en confession et lui donne l'absolution. Au moment de convenir avec lui de l'heure à laquelle je lui porterai la sainte communion, demain matin, je le sens réticent. Il tourne autour du pot, voudrait dire quelque chose... mais n'ose pas. Il me regarde d'un air embarrassé. Je devine qu'il préférerait me voir en soutane lui apporter le Bon Dieu. Je le lui dis, et son trouble disparaît aussitôt. Il a un fin petit sourire d'acquiescement pour me remercier.

*
**

Ce matin, après la messe et le petit déjeuner, je prends une hostie au tabernacle, la mets dans un boîtier que je glisse dans une custode. Je suspends le tout à mon cou, par-dessus la soutane, enfile mon anorak. Skis aux pieds, bâtons en main, en avant dans la pente !

Sur la piste tracée à travers champs, la descente est aisée, la soutane vole au vent. Mais il faut remonter village après village jusqu'à la maison d'Éphise, tout là-haut. Il fait froid, la neige porte bien et facilite la glisse ; les skis avancent dans la trace sans peine, à condition de les pousser l'un après l'autre. Pour les bâtons, c'est autre chose : leur bout ferré, au lieu de se planter dans la neige pour favoriser l'avance, pique parfois le tissu de la soutane – au grand dam de cette dernière ! L'effort m'échauffe d'autant plus que la soutane, boutonnée jusqu'au col et enserrant le buste, ne permet aucune évacuation de la transpiration.

Mon grand-père est tout heureux de me voir arriver « en vrai prêtre », dit-il.

Après la communion, sa fille nous apporte le café, du pain, du beurre, un morceau de tomme et de la confiture. Nous déjeunons tous ensemble. Ce partage est chargé d'une valeur symbolique : on met toujours la table pour qui fait l'honneur de sa visite. J'apprécie beaucoup ce moment d'échange empreint de simplicité et de générosité.

Mais, malgré la chaleur de la pièce, la sueur se fait plus froide sur ma peau ; j'ai tendance à frissonner. Et j'ai presque hâte de rentrer chez moi afin de me changer. Je dis au revoir, chausse les skis, et repars en veillant à planter correctement mes bâtons. Comment font donc les chanoines du Grand-Saint-Bernard, fidèles à la soutane même sur les skis ? Je pense qu'il y a là incompatibilité. D'ailleurs, qui jugerait qu'un curé doit garder sa soutane pour faire de la montagne ?

Les temps ont évolué. Peut-être un peu vite – trop vite pour les personnes âgées.

Des souvenirs d'enfance me reviennent – des années trente, ce n'est pas si vieux ! Quand il portait la communion en viatique à un malade, le prêtre (à Seyssel, le curé Carrier) se faisait accompagner du sacristain ou d'un enfant de chœur. Je me revois dans ce rôle : je tenais d'une main une lanterne où brûlait une bougie, de l'autre une clochette que j'agitais régulièrement, signalant ainsi le passage du prêtre qui portait ostensiblement surplis, étole et custode. Ceux qui nous croisaient sur le chemin s'arrêtaient, mettaient un genou en terre et se signaient dévotement. Dans ma candeur d'enfant, je pensais que j'étais englobé dans cette vénération et j'en étais, au fond de moi, tout fier ; je jouais à la mouche du coche !

Les successeurs du curé Carrier changèrent la manière en usage : ils revêtaient la douillette ou la pèlerine sur la soutane et s'en allaient discrètement, à pied ou en voiture désormais.

Encore ne se déplaçait-on, en ces années d'avant-guerre, que pour faire les Pâques des malades ou des personnes âgées, ou pour porter le viatique à quelqu'un qui allait mourir. L'Action catholique a fait découvrir la richesse de la communion portée à une personne retenue chez elle par la maladie ou l'âge. C'est pourquoi le prêtre accepte de le faire en certaines circonstances, par exemple en ce temps de Noël, alors que la neige recouvre les chemins de montagne. Le prêtre est alors l'envoyé du Seigneur, et il est reçu comme tel. C'est là une grâce, et nous ne remercierons jamais assez le Seigneur de nous en avoir donné l'occasion.

L'avalanche

Février 1951

Ce mois-ci, la neige est tombée en abondance. La vallée n'est qu'une immense symphonie éclatante en blanc sous le ciel bleu. Les aiguilles Rouges ne méritent plus leur nom et se sont mises à l'unisson. Le soleil passe maintenant au-dessus des massifs, et répand chaleur et clarté plus longtemps pendant la journée.

Une de mes sœurs prend quelques jours de vacances à la cure. Elle a dix-neuf ans. Le ski n'est pas son sport favori ; elle préfère la montagne en été, car elle est bonne marcheuse et ne craint pas la fatigue. Mais ici, en hiver, elle peut se livrer tranquillement à sa passion : la lecture. À la maison, Maman la houspille : « Lire, c'est ne rien faire... C'est bon pour les paresseux ! »

Dimanche 18 février

Le temps a tourné. Il neige sans arrêt. On n'a pu venir à la messe qu'à skis ou en raquettes. À la sortie de l'église, personne ne s'attarde. Le vent qui souffle et les rafales de neige découragent toute envie de conversation. Et puis, il faut être prudent : l'avalanche est comme une épée de Damoclès suspendue au-dessus de la vallée. C'est pourquoi j'ai annoncé qu'il n'y aurait pas de vêpres cet après-midi.

Chacun rabat sur sa tête le capuchon de son anorak pour affronter la tourmente, chausse ses skis, et, bâtons en mains, s'élance en direction du village du Sizeray et de la nationale. Aucune route n'est déblayée ; quand le col des Montets est fermé à la circulation, les Ponts et Chaussées de Chamonix ne montent pas à Vallorcine.

Lundi 19 février

Le temps s'est mis au beau. Il fait froid, tout danger est donc écarté. Ma sœur et moi chaussons les skis et risquons quelques glissades aux alentours de la cure. Mais la neige est trop profonde. Impossible de la tasser pour faire un semblant de piste. Nous rentrons découragés.

Plus tard, je repars à skis pour la coopérative du chef-lieu : nous manquons de viande et de pain, et Mme Lantin ne peut se charger des courses, comme elle en a l'habitude. Heureusement, j'ai pris la précaution de me pourvoir de sucre, farine, pâtes, riz, pommes de terre et diverses conserves, pour passer l'hiver. En montagne, il faut être paré à toute éventualité. À la cave, je dispose d'un plateau tournant qui permet de ranger et de surveiller tommes et fromages, d'un saloir pour conserver la choucroute et d'un jardin d'hiver où peuvent être repiquées scaroles et endives. Mais, pour mon premier hiver, je n'ai pas grand-chose, hormis quelques bouteilles de vin de Seyssel.

Mardi 20 et mercredi 21 février

Le temps s'est remis à la neige. À Vallorcine, elle a la particularité de ne jamais tomber tout droit, tranquillement, comme on le voit en plaine ou en moyenne montagne ; ici, elle est poussée par le vent en tourbillons. On appelle cela la *cousse*. Elle vous aveugle, vous avez peine à distinguer votre chemin, et votre trace est aussitôt effacée. Vallorcine, c'est le rendez-vous des courants d'air : il y a le vent, qui souffle tantôt du col des Montets, tantôt de la vallée de Bérard, et la bise, qui arrive par la trouée d'Émosson. Devant ma porte, c'est le vent qui balaie la neige : il s'engouffre entre le mur du presbytère et le mur de l'ancien cimetière, et la rabat en congères derrière l'église et la cure. Vous collez votre nez aux carreaux de la fenêtre ? Vous ne voyez que la neige qui cingle en rafales, vous n'entendez que le vent qui mugit dans la forêt en face. Inutile de scruter le chemin : pas âme qui vive.

Heureusement, les doubles-fenêtres protègent bien. La chaleur du fourneau, où brûle un bon feu de bois, s'épanouit dans la pièce. Ma sœur se tient dans son fauteuil, à lire tranquillement.

Mme Lantin s'affaire à la cuisine ; la plaque chauffante de la cuisinière lui apporte une chaleur réconfortante. Du grenier à la cave, nous avons le nécessaire pour tenir un siège de quelques jours. Sauf le pain. Je comprends l'intérêt du four à pain autrefois en usage, dans l'ancienne cuisine au sous-sol.

Jeudi 22 février

Aucun enfant n'est venu au cours de catéchisme. J'en profite pour installer l'éclairage au grenier : une rallonge avec une baladeuse. Les greniers des presbytères sont en général immenses et recèlent souvent des trésors. Ici, le seul trésor, c'est le bois, car il en faut pour chauffer une maison dans ce pays où la mauvaise saison se taille la part du lion ! L'abbé Payot m'a vendu le stock de bûches, empilées et prêtes à l'usage. J'ai là une bonne provision. À quoi s'ajoutent les branches mortes (sapin et mélèze) qu'il a ramassées dans le couloir de l'avalanche, après la fonte des neiges. J'installe un chevalet et m'emploie à scier paisiblement le bois. J'ai le temps, personne ne viendra me déranger.

Au repas de midi, Mme Lantin n'a pas de pain à mettre sur la table et propose en menu une variation sur thème unique : pommes de terre en robe des champs, avec du beurre, et purée... de pommes de terre.

Les jours se sont considérablement allongés. L'après-midi, je vais aux provisions, à skis et sac au dos. Au retour, j'ai un instant l'idée de m'arrêter chez l'instituteur. Mais il vaut mieux éviter une halte prolongée : le temps est décidément trop mauvais. Je continue donc jusqu'au Sizeray, et décide de rendre une petite visite à Alfred et Armandine Burnet, qui passent l'hiver ici, à proximité de l'église. (L'été ils retournent au Couteray, au sommet de la commune.) En réalité j'ai besoin de voir quelqu'un et de bavarder : vivre cloîtré étouffe vite.

À la cuisine, je trouve aussi leur fils Albert, le maire, qui s'exclame : « Monsieur le curé, que faites-vous ici par un temps pareil ? Vous ignorez le danger ! L'avalanche n'est pas descendue, elle peut partir à tout moment ! Il n'y a pas de problème à la cure ? Alors, ne restez pas plus longtemps. Pendant que vous monterez vers le presbytère, on vous suivra des yeux par la fenêtre. Si l'avalanche vous prend, on pourra vous secourir plus vite ! »

Je regagne donc la cure – sans encombre –, mais Albert a parlé d'or : une heure peut-être s'est écoulée, et j'ai retrouvé le grenier, les bûches et la scie, quand tout à coup un bruit sourd et violent s'abat sur la toiture, un bruit qui rappelle un bombardement. La lumière électrique s'éteint. Je pense aussitôt à l'avalanche et me précipite en bas. Mme Lantin n'a rien entendu de particulier, ma sœur a seulement vu le fourneau tressauter.

Quand je réussis à ouvrir la porte d'entrée, après force manœuvres (elle est coincée, et pourtant elle ouvre vers l'intérieur !), je découvre une couche de neige de vingt centimètres tassée sur le seuil, dure comme de la glace, si compacte que la pelle ne l'attaquerait pas.

Et c'est alors que je vois descendre de chaque côté de l'église la masse de l'avalanche, ce qu'on appelle à Vallorcine une avalanche *à mat*. Elle s'est partagée en de nombreuses filières qui charrient la neige sous forme de grumeaux et qui se figent au fur et à mesure qu'elles avancent, sur une hauteur de un mètre environ. Elles descendent silencieusement, suivant le fil de la pente, droit devant elles. Le phénomène est extrêmement curieux, et j'ai le temps de regarder. Le champ de l'avalanche s'étend sur toute la superficie allant du Sizeray au Mollard. L'église et la cure, protégées par la *tourne*, ont été épargnées. Le silence succède à la tempête ; on dirait que l'avalanche a déchargé la rage des éléments.

Quelques hommes du village arrivent à skis. Ils sont inquiets pour nous et pour les bâtiments. Satisfaits de nous voir indemnes, ils commencent à inspecter les lieux. On se rend vite compte que les dégâts ont été faits par le souffle de l'avalanche, souffle d'une violence extrême, et qui naît à l'instant même où se produit la cassure dans le manteau neigeux. Il a déplacé d'énormes pierres sur la pointe de la *tourne*, face à l'angle de choc ; il a arraché une partie du toit de l'église, côté sud ; il a basculé le mur de l'ancien cimetière qui bordait le chemin, et projeté dans le fond de mon jardin les couvertines de granit de un mètre de longueur ; il a déraciné les sorbiers qui ornaient la petite place devant l'église. La cure a été peu touchée (une cheminée et quelques volets arrachés), mais les poteaux électriques ont été projetés dans la forêt en face, de l'autre côté de l'Eau Noire. Quelle violence inouïe ! Je pense qu'un homme qui se serait trouvé sur le passage de ce souffle destructeur aurait eu les poumons écrasés.

La masse de neige a déferlé ensuite, peut-être trois à quatre minutes après, et recouvert tout ce qui avait été atteint. Elle a comblé entièrement l'espace compris entre l'église et la *tourne*. Elle a envahi l'ancien cimetière, au chevet de l'église, pénétré dans la sacristie après avoir cassé une fenêtre, et englouti la partie de toiture qui était tombée. Les hommes dégagent cette zone immédiatement pour empêcher que la neige s'engouffre sur la voûte et y fasse des dégâts au moment de la fonte. Ils arrangent provisoirement les tôles arrachées, parent au plus pressé ; ils reviendront demain consolider le travail.

Le front de l'avalanche doit mesurer mille deux cents mètres, entre le hameau du Crot et le hameau du Mollard. Au Crot, l'avalanche s'est arrêtée contre les premières maisons, sans causer de gros dommages. Au Sizeray, elle est entrée à l'intérieur d'une maison, enfonçant la toiture. Au Mollard, quelques toits ont souffert ; une femme a eu la malchance d'ouvrir sa porte au moment où le souffle de l'avalanche explosait ; elle a été refoulée brutalement à l'intérieur, la poitrine oppressée au point de ne plus retrouver la respiration.

Il faut remonter jusqu'en 1843 pour citer une avalanche d'une telle puissance ; cette année-là, le clocher avait été démoli, et les cloches, littéralement « soufflées ».

Plus de courant électrique. Plus de téléphone. Les trains bloqués au départ de Chamonix. Vallorcine est isolée du monde. Et ma sœur doit impérativement rejoindre Seyssel ! Seule solution : prendre le train au Châtelard pour Martigny ; de là, Lausanne et Genève (par les C.F.F.), puis Bellegarde et Seyssel (par la S.N.C.F.) Qui dit plus long ?

Samedi 24 février

L'après-midi. Ma sœur et moi descendons à skis à la gare du Châtelard. Mais, renseignements pris, le voyage revient trop cher pour notre bourse.

C'est cependant l'occasion de téléphoner à nos parents et de calmer l'inquiétude qu'ont dû faire naître les comptes rendus des journaux.

Et nous attaquons la remontée de la frontière jusqu'à l'église. Mais à la hauteur de Barberine, Camille Ancey, un jeune du village, nous attend au bord de la route. « Je vous ai vus descendre, depuis notre maison. C'est extrêmement dangereux, ce que vous faites là ! L'avalanche du Ran n'est pas toute descendue. » (C'est celle qui tombe entre le Mollard et Barberine ; elle a tant de force que très souvent, après avoir traversé l'Eau Noire, elle remonte jusqu'à la route.) « Mais nous l'avons vue, elle est en bas, elle est même remontée sur la voie ferrée ! – Oui, mais il en reste encore sur la hauteur, qui ne demande qu'à suivre. Je vous accompagne jusque là. J'attendrai que vous soyez passés et en sûreté. »

Dimanche 25 février

Temps froid et beau. Les risques d'avalanche diminuent. Je demande à quelques jeunes s'ils peuvent conduire ma sœur à Chamonix, à skis.

Lundi 26 février

Ce matin, nous sommes une dizaine à glisser en file indienne, assez espacés les uns des autres de façon à ne pas nous faire prendre ensemble sous une coulée de neige. La masse accumulée dans les hauteurs et les couloirs demeure instable ; le danger, même atténué, reste présent. Il n'est pas question de passer par le col des Montets : sa situation et son altitude en font le déversoir des avalanches des deux côtés. Nous empruntons le tunnel de la voie ferrée, skis sur l'épaule. Et depuis Montroc, nous dévalons jusqu'à Argentière ; la neige recouvre la route et la descente s'accélère, car la pente est rapide. Bien que déchargée de son sac, ma sœur a de la peine à maîtriser ses skis et tombe fréquemment. Elle en ressent une grande fatigue. Et la route est encore longue jusqu'à Chamonix... Nous sommes contents d'arriver. Je crois bien qu'après cette équipée, ma sœur préférera définitivement la montagne en été !

*
**

J'ai une explication intéressante de l'expression « avalanche *à mat* », qui désigne une avalanche de neige mouillée et agglomérée sous forme de granulation. Le mot, d'origine très ancienne, s'apparente à l'allemand *mattes* qui signifie *serré* ou *serrac* : c'est le fromage fabriqué avec le petit-lait, présentant une pâte grossière et granuleuse. Un mot d'origine germanique à Vallorcine n'est pas pour surprendre ceux qui connaissent l'histoire de l'implantation humaine dans la vallée.

Mon ami l'instituteur

UNE SOUTANE entre les murs de l'école !... Une soutane frôlant les marches qui mènent à l'appartement au-dessus !... Je m'arrête assez souvent, en dehors des heures de classe, pour bavarder avec Antoine Bocquet, l'instituteur : s'il est de tradition, en milieu rural, que curé et instituteur se regardent comme des chiens de faïence, chacun jalousant l'empire de l'autre sur la population, à Vallorcine, heureusement, il n'en est rien.

Mon prédécesseur, André Payot, s'était lié d'amitié avec Antoine Bocquet, poussé, je pense, par ce sentiment de solitude qui, pour un prêtre de montagne, jeune en principe, est le poids le plus lourd à porter et qui prend des formes multiples : solitude morale, face à une population qui vous respecte et reste un peu à distance (à ses yeux vous êtes « Monsieur le Curé ») ; solitude affective, parce que vous êtes célibataire et que vous n'avez pas toujours en face de vous quelqu'un à qui parler, pendant le repas par exemple ; solitude intellectuelle aussi, car les paroissiens ne cherchent pas les échanges d'idées (« Vous êtes le curé, c'est à vous de voir. »), et votre proche confrère demeure de l'autre côté du col. Les livres, les revues de pastorale, le bréviaire ne suffisent pas à ouvrir l'esprit.

J'ai voulu mettre mes pas dans la trace des siens et dans cette intention, j'ai invité l'instituteur à mon dîner d'installation au presbytère – pas à la messe, cela va de soi. Au cours du repas, il s'est trouvé assis à la même table que l'archiprêtre de Chamonix, le maire de Vallorcine, le directeur de la chorale paroissiale et mon père. Ce geste lui a été droit au cœur et a marqué le début d'une amitié.

André Bocquet, originaire d'Annecy, est arrivé dans la vallée, frais émoulu de l'école normale, pour y prendre son premier poste. Il s'est attaché à son école, il s'est attaché au pays, puisqu'il a épousé une jeune fille de la commune. Non croyant, mais nullement sectaire, il est accueillant et ouvert à ceux qui viennent le voir. Ce qui me surprend le plus, c'est l'éventail de dons qu'il a reçus à la naissance et qu'il met volontiers au service des autres. Dans sa classe, il met en œuvre une pédagogie active et concrète ; proche des enfants, il sait stimuler leur goût des études par des initiatives remarquables. C'est ainsi qu'il a monté une petite imprimerie artisanale et les élèves composent un journal où chacun est invité à écrire un texte de son choix. Ils montrent beaucoup d'intérêt pour cette activité parce qu'ils font quelque chose de leurs doigts. Et les parents, en recevant ce journal à la maison, peuvent voir sur le papier le travail de leurs enfants.

Par ailleurs, il est rebouteux, sourcier, et manie le pendule pour détecter les ennuis du corps. Il répare fauteuils et canapés comme un bon tapissier. Toutes qualités qu'il tient de son père. Il prépare aussi les patrons de vêtements et taille lui-même les robes de sa femme. En outre, il est secrétaire de mairie et correspondant local du *Dauphiné Libéré*. Comment trouve-t-il le temps de tout faire – et en gardant une humeur égale ?

Un lit d'autrefois

J'AI VU une curiosité, probablement unique en son genre maintenant, dans un *pèle* de la commune : un lit réalisé en noyer et comportant deux couches superposées. La couche supérieure, occupée par les parents, se trouve assez haut ; on y monte en posant le pied sur un coffre en bois qui contient les effets du couple – c'est le fameux « coffre de la mariée » dont parlent les testaments et les contrats de mariage. La couche inférieure, attribuée aux enfants, est comprise dans un tiroir (établi dans le sens de la longueur du lit) que l'on tire la nuit et que l'on repousse pendant la journée.

Mais que le fils aîné se marie et prenne sa femme à la maison, alors, changement de décor : les parents descendent dans la couche inférieure, et le jeune couple prend possession de la couche du haut.

Vestige rare d'une coutume là aussi appelée à disparaître. D'ailleurs, ce lit, témoignage de la vie conjugale des ancêtres, n'est plus en usage aujourd'hui. Finira-t-il dans le feu de la cheminée, ou dans la brocante d'un antiquaire ?

Histoire de la Joséphine

Qui ne connaît la Joséphine ? Elle habite la première maison à gauche en arrivant au village du Mollard. Elle vit seule : elle est veuve, sans enfant. Elle s'occupe de ses trois chèvres ; le temps qui lui reste, elle le consacre à la prière et à la visite des malades dans la commune. Son courage, sa piété, son bon cœur forcent le respect.

Joséphine est née en 1885 à Vallorcine, dans une famille peu aisée ; elle passe sa jeunesse soit ici, soit au hameau des Tines, à Chamonix, où sa famille a de la parenté. Elle garde de cette époque le souvenir d'un temps libre de tout souci. Elle épouse un cultivateur de Vallorcine, qui s'appelle Ancey, comme elle, sans qu'ils soient aucunement parents. Le mariage a lieu au mois de juin 1914... et le 1er août, c'est la déclaration de guerre. Le jeune marié doit rejoindre son régiment. Il participe à l'attaque des troupes françaises en Belgique, à la retraite de Charleroi, à la contre-offensive de la Marne. C'est à ce moment-là qu'il laisse sa vie sur le champ de bataille.

Cette douloureuse nouvelle arrive jusqu'aux oreilles de Joséphine. Elle s'effondre de douleur, comme si le sol se dérobait sous ses pieds : elle perd le mari qu'elle vient à peine d'épouser et elle est enceinte. Le père de l'enfant qu'elle attend est parti à la guerre sans savoir qu'il avait conçu un petit être, sans savoir qu'il allait être père. Cette épreuve la frappe de plein fouet ; elle ne se révolte pas, ni contre Dieu ni contre les hommes. Dans ce face-à-face avec elle-même, elle mûrit, elle se hausse à sa dignité de femme. Elle s'habillera toujours en noir, portant le deuil de son cher époux, mais son cœur ne contient pas d'amertume.

En 1915, elle met au monde une fille, Paula. Désormais, elle consacre sa vie à sa petite. Elle ne se remarie pas. Cette enfant lui rappelle le souvenir de l'homme qu'elle a tant aimé, et cette affection se reporte sur sa fille. Car Joséphine est une passionnée, une personnalité ardente, qui ne fait pas les choses à moitié. Le travail ne l'effraie pas, elle qui n'a pas été habituée aux travaux pénibles de la campagne durant son enfance et sa jeunesse. Elle se lève de bonne heure et se couche tard pour qu'aucun instant de sa journée ne soit perdu. Accoutumée à dire ce qu'elle pense, elle n'arrive pas à retenir sa parole : aussitôt pensé, aussitôt dit. Prompte à la répartie, elle regrette ensuite d'avoir réagi trop vivement, et elle va demander pardon d'avoir blessé. Elle est tout d'une pièce.

La fillette a grandi. Avant qu'elle ait ses onze ans, sa maman envisage de la mettre au pensionnat pour qu'elle puisse acquérir une formation. Elle ne veut pas que sa fille souffre d'une condition de vie difficile : être fille de veuve, ce n'est pas très prometteur. D'autant qu'une mère seule, qui veut garder son unique enfant près d'elle, risque de gêner son épanouissement par une affection trop prenante. Toutes ces idées roulent dans la tête de Joséphine. Elle est décidée à faire le sacrifice : sacrifice de se séparer de son enfant une grande partie de l'année, sacrifice financier également pour le paiement de la pension. L'avenir de sa fille passe avant toute considération.

Elle choisit le pensionnat du Sacré-Cœur, à Thonon-les-Bains. Nous sommes en 1926, et la distance entre Vallorcine et Thonon ne favorise pas les allées et venues, mais la mère et la fille s'écrivent, et la jeune élève revient à la maison pour quelques jours de vacances.

Les premières années se passent bien et portent des promesses d'avenir, lorsque la maladie rompt brutalement le cours égal de leur vie. À quatorze ans, Pauline est emportée par une péritonite.

Quelle douleur pour cette femme ! À deux reprises, le sort l'éprouve dans sa chair. Mais pour Joséphine, le sort n'existe pas ; il n'est qu'un mot qui cache une autre réalité, à la fois plus mystérieuse et plus concrète : Dieu. Elle a eu la possibilité de découvrir le Dieu vivant, le Dieu présent dans l'histoire des hommes, le Dieu de l'Histoire sainte, et elle est capable de reprendre à cette occasion la parole de Job : « Dieu me l'avait donnée, Dieu me l'a reprise ;

que son nom soit béni ! » Elle gardera toujours une plaie ouverte en son cœur ; chaque fois qu'elle évoque sa fille, bien des années pourtant après sa disparition, les larmes lui montent aux yeux. Mais elle ne se plaint jamais ; elle n'en parle que si quelqu'un amène le sujet au cours d'une conversation. Aucune amertume dans ses paroles. Simplement, son tempérament entier est devenu un peu plus vif ; elle doit sans cesse se maîtriser pour adoucir les pointes de son caractère et pour éviter de peiner ceux qu'elle rencontre. Elle ne se replie pas sur elle-même.

Désormais, elle partage son temps en trois : une part pour Dieu dans la prière et la messe quotidienne, une part pour l'entretien de sa maison et le soin de ses chèvres, une part pour la visite des malades, en dehors de la saison des travaux de l'été.

Du fait de ses épreuves, de son tempérament et d'une éducation religieuse austère, elle aurait pu verser dans la bigoterie et devenir une « grenouille de bénitier ». Or j'ai rarement vu un esprit d'Église animer quelqu'un avec autant de force, rarement rencontré une telle largeur de vues, une telle ouverture sur le monde. Cela ne va pas de soi chez une humble femme, de condition paysanne, dans une vallée retirée des Alpes. Il faut lui supposer un bon sens, une culture innée qui assimile les événements de la vie et qui empêche tout débordement préjudiciable à l'équilibre de l'être. J'en suis très étonné. Mais comme la partie visible d'un iceberg n'est qu'une petite fraction de sa masse réelle, de même ce comportement dénote l'existence d'une culture enracinée au sein de toute la population de cette vallée. Je l'ai découvert au fil des jours : autant le climat est désagréable, froid et venté, autant les habitants sont charmants, accueillants et cultivés.

Joséphine vient à la messe en semaine, à l'église, tous les jours de l'année, quelle que soit la saison, et par n'importe quel temps : pluie, froid ou neige. Elle ne manque jamais la messe. Grâce à Dieu, elle a une bonne constitution. Elle est le type même de la montagnarde : solide bon sens, santé robuste, et le corps tout en muscles, sans un brin de graisse en trop.

Elle est à l'écoute de ce que dit le prêtre, l'évêque, le pape. Cette année, Pie XII a étendu au monde entier le privilège de l'Année sainte 1950. Pensant à ceux qui n'ont pu se rendre à Rome pour gagner le Jubilé de la Rédemption, le pape accorde cette grâce à tous les chrétiens qui participent à la messe, se confessent, communient et récitent une prière qu'il a préparée. Joséphine est la première à mettre en pratique le désir du pape, et c'est elle qui se propose pour dire cette prière à haute voix à l'église, au cours de la messe. Elle prie en union avec toute l'Église.

Ce qui ne l'empêche pas d'avoir son franc-parler avec son curé quand elle le juge nécessaire. Le prédécesseur de l'abbé Payot s'en souvient ; l'abbé Viannay n'avait jamais vu l'avalanche qui part au-dessus de l'église. N'imaginant pas le danger, il grondait les parents qui n'envoyaient pas leurs enfants au catéchisme quand l'abondance des chutes de neige faisait planer le risque de l'avalanche.

Un matin d'hiver, l'abbé Viannay disait la messe... lorsque l'avalanche déboule, heurte l'éperon de pierres et le toit de l'église, avec son grondement habituel. Le chœur, situé en première ligne, écope directement la secousse. Le curé, pris de peur, bâcle les rites liturgiques pour boucler sa messe au plus vite. Quand il revient en sacristie, notre Joséphine le rejoint et l'admoneste : « Monsieur le curé, ce n'est pas maintenant qu'il faut avoir peur ; l'avalanche est en bas, le danger est passé. C'est auparavant, tant qu'elle n'est pas tombée, qu'il faut se méfier. » Et elle file sans demander son reste.

Prisonnière de l'avalanche

C'EST une histoire ancienne, entrée dans la légende.

Sept heures moins le quart, un matin d'hiver.

Un jeune homme du village, Jean Benzoni, voit passer Joséphine Ancey devant chez lui ; elle se rend à la messe. Il sort un instant après, et soudain est aveuglé par une poussière de neige : une avalanche de poudreuse vient de descendre entre l'église et le Mollard. Le calme revenu, il ne voit Joséphine nulle part. Il s'inquiète, court avertir Jules Vouilloz. Tous les deux montent à l'église, où l'abbé Payot célèbre sa messe. Pas de Joséphine. Elle est donc sous l'avalanche. Où, exactement ?

Tous ceux qui sont disponibles au village attrapent piques et bâtons, pelles et manches de râteaux. Jules Vouilloz, guide de montagne, dispose son monde le long de la rampe qui va du chemin du Mollard à l'église : d'après les dires de Jean Benzoni, Joséphine devait se trouver dans ces parages. Chacun se met à sonder la neige avec autant d'ardeur que d'angoisse.

Deux heures se sont écoulées – déjà ! – quand, à mi-hauteur de la rampe, une pique rencontre quelque chose de mou, qui résiste. Pas de doute, c'est elle !... On dégage fiévreusement la neige, qui atteint ici deux mètres d'épaisseur. Joséphine repose tranquillement, la tête enfouie dans les bras. Sommeil de l'inconscience ou sommeil de la mort ? On la relève ; on l'allonge sur une luge ; elle ne bouge pas. Jules Vouilloz lui enlève ses raquettes et les donne à Jean Benzoni : « Elle n'en a plus besoin maintenant. Elles te rendront service. » Chacun la croit morte.

La mère de M. le curé a préparé la chambre d'angle (rarement utilisée en hiver), arrangé le lit et allumé le feu dans le fourneau.

On dépose le corps sur le lit et on rabat les couvertures pour le réchauffer. « Faut-il appeler le docteur de Finhaut ? » Les hommes pensent que c'est inutile, la mort a déjà commencé son œuvre ; et ils rentrent chez eux.

Seuls restent pour veiller le curé et sa mère.

Au bout d'un moment, la voix de Joséphine troue le silence : « Mais il pleut ! » Ses compagnons se disent : « La pauvre, elle divague... » Mais pas du tout : la chaleur du bon feu qui flambait a atteint le plafond glacé et des gouttes de condensation pleuvent sur le lit et sur le plancher.

Comme si sa phrase l'avait tirée de sa torpeur, elle rejette draps et couvertures, et veut se lever. Elle s'assoit sur le lit : « Où est-ce que je suis ? demande-t-elle. – À la cure, explique M. le curé. Vous avez été prise sous l'avalanche lorsque vous veniez à la messe ce matin. On vous a découverte et ramenée ici. Reposez-vous ! Ma mère vous a préparé quelque chose de chaud pour vous remettre. – Inutile, je vais bien, je rentre chez moi. » Et, joignant le geste à la parole, elle se met debout, défripe sa robe, ajuste son châle, remercie M. le curé et sa maman, et, n'écoutant aucune objurgation, prend le chemin de sa maison.

La nouvelle se répand comme une traînée de poudre et, à sa porte, elle trouve les gens du village qui l'attendent. « Il fallait me laisser, leur dit-elle. Ma vie n'a que peu d'importance. Quelqu'un de vous se serait occupé de mes chèvres ! » Elle les invite à entrer et leur explique l'accident. Elle a vu partir l'avalanche du sommet des rochers, en haut du couloir, et aussitôt compris. « Je n'ai le temps ni d'aller à l'église, ni de retourner à la maison, l'avalanche m'aura rattrapée avant. » Car la neige poudreuse descend à très grande vitesse. Alors, elle s'est mise *à crop'ton*, la tête enfouie entre ses bras, et elle a fait battre sans cesse ses mains devant sa figure : elle se rappelait le conseil d'un vieux de la Villaz, pour empêcher la neige d'entrer dans la bouche et les narines, et éviter l'asphyxie.

L'avalanche l'a recouverte sans la déplacer. Le petit volume d'air emprisonné entre ses bras lui a permis de respirer et on l'a repérée au moment où l'air vicié commençait à l'endormir pour de bon.

La leçon qu'elle a tirée de son aventure ? « C'est un miracle que Dieu a fait pour montrer l'importance du saint Sacrifice de la messe. »

Chants liturgiques et XXᵉ siècle

1er novembre 1951

J'arrive aux répétitions où les choristes travaillent les chants de la messe du dimanche ou des fêtes liturgiques, je leur présente le texte et leur en donne un petit commentaire pour faire saisir le sens. Ils interprètent ainsi avec plus de compréhension, avec plus d'âme.

Le plain-chant ou chant grégorien est certainement très beau, mais il demande une application constante et difficile à obtenir de la part des jeunes. Sa forme musicale n'a pas à leur oreille la clarté de l'évidence, elle est tellement différente des chants rythmés avec une mesure à la clé, des motets à quatre voix, des marches militaires, des chansons populaires. Le latin ne simplifie pas les choses : il reste parfois, et même souvent, une barrière.

Après l'office de Toussaint, aujourd'hui, j'ai entendu une réflexion bien révélatrice.

Les vêpres de Toussaint se déroulent en deux temps : d'abord la louange de Dieu pour les saints qu'Il accueille dans son éternité, et ensuite la prière de supplication pour tous les défunts. Les psaumes de la première partie respirent la joie ; quelques-uns sont chantés par la chorale en faux-bourdon. Vient l'hymne *Placare Christe servulis*, qui fait défiler, au fur et à mesure des couplets, les prophètes, les martyrs, les confesseurs de la foi, les pasteurs de l'Église, et toute la foule anonyme des saints du paradis, puis, pour finir, le *Magnificat*.

Après avoir dit l'oraison de la fête de Toussaint, le célébrant retourne en sacristie où il pose la chape en drap d'or et revêt la chape noire, celle des sépultures.

Il revient au chœur pour les vêpres des morts. De nouveau cinq psaumes en latin, chantés sur un ton de tristesse, exprimant l'imploration des vivants auprès de Dieu pour tous leurs défunts.

L'office de Toussaint, dans son ensemble, est de toute beauté : il possède un caractère dramatique par l'évocation de la vie et de la mort, du Jugement et de la vie éternelle, et parle aux âmes croyantes.

Il se termine par la procession au cimetière, où le prêtre prononce l'absoute sur l'ensemble des tombes.

À l'issue de la cérémonie, pendant que les familles se recueillent sur les tombes et que des mamans prient à l'église, je parle avec un groupe de jeunes rassemblés devant la cure. On évoque l'office qui vient de se dérouler ; je complimente la chorale. Un des jeunes (qui n'en fait pas partie) me dit : « Oui, c'est peut-être beau, mais deux vêpres à la suite et en latin, c'est beaucoup trop ; on n'y comprend pas grand-chose. » Il faut convenir qu'il n'a pas tout à fait tort, et il dit probablement à haute voix ce que d'autres pensent sans oser l'exprimer.

J'ai déjà eu une expérience analogue.

Pour préparer la messe de minuit, à Noël, j'ai voulu présenter le *Te Deum* que l'on chante au début de la célébration. Le célébrant, revêtu de la chape en drap d'or, arrive au pied de l'autel, entouré des enfants de chœur, et entonne solennellement : « *Te Deum laudamus, Te Deum confitemur.* » Et le chant se déroule avec majesté d'un verset à l'autre, évoquant tour à tour la grandeur de Dieu, l'hommage de la création, la pauvreté de l'homme pécheur et l'infinie miséricorde du Père éternel, pour se terminer sur cette phrase pleine d'espérance : « *In Te Domine speravi, non confundar in aeternum* (en Toi, Seigneur, j'ai mis mon espérance, je ne serai jamais perdu). »

Cet hymne de louange, composé au Ve siècle, retrace en premier lieu l'action de Dieu telle que la Bible nous la décrit ; vient ensuite l'épisode douloureux des persécutions des chrétiens à l'époque de l'Empire romain ; le rythme de la mélodie s'apaise enfin pour évoquer le calme revenu avec la paix du Christ.

Mais je sens bien que mon commentaire a de la peine à passer : les mots latins, l'histoire ancienne, la mentalité des communautés chrétiennes d'alors, tout cela empêche de pénétrer à l'intérieur du texte et de l'interpréter avec toute son âme. Il faudrait être spécialiste de l'histoire des chants de l'Église pour en exprimer la profondeur (c'est pourquoi le chant grégorien des moines de Solesmes – et même à Hautecombe – est si beau à écouter et si pur dans sa forme). Les jeunes de la chorale ont de la difficulté à l'entendre, et pourtant ils le travaillent en répétitions. Alors, qu'est-ce qu'il doit dire à la foule des paroissiens rassemblés à la messe de minuit ? Ils l'écoutent par habitude ; ils l'apprécient dans le cadre de la fête et ils attendent sagement qu'il se termine. Un jour ou l'autre, le *Te Deum* disparaîtra de cette introduction à la messe de Noël. On ne peut ni le traduire ni en donner une adaptation en français sans le défigurer et le vider de son sens. Faut-il le regretter ? Une liturgie qui reste figée finit par ne plus rien représenter aux yeux des fidèles.

Vers un renouveau

Le père Gelineau vient de mettre en musique les psaumes de la Bible de Jérusalem et de les harmoniser. Il a fait tout ce travail avec une équipe. De la part d'un jésuite, cet intérêt pour la liturgie est surprenant. En général, ce n'est pas leur fort. Ils laissent cette spécialité aux dominicains et aux bénédictins. Il est probable que le père a pratiqué la pastorale en paroisse et qu'il s'est rendu compte de la coupure entre la liturgie et le peuple, coupure qui va en s'agrandissant.

La liturgie doit parler au peuple, et, normalement, l'instruire des vérités de la foi chrétienne ; les chrétiens, quant à eux, doivent pouvoir exprimer leur vie et leurs convictions dans la liturgie qu'ils célèbrent. Or, ce n'est pas tout à fait le cas. Pour atténuer le divorce, de nombreuses innovations ont été mises en œuvre : messes en chœurs parlés, messes dialoguées... Mais elles ne faisaient que se substituer à la messe. Une approche plus authentique, en lien avec le monde rural et la J.A.C., a été opérée par un prêtre de Normandie, curé en milieu déchristianisé : la messe des moissons. Elle a tout de suite connu le succès lors des fêtes de la Terre, à l'occasion des rassemblements de jeunes jacistes. Elle correspond à la mentalité d'aujourd'hui, les gestes et les paroles sont directement compréhensibles – pas besoin de traduction. La mélodie des chants en français s'inspire des chants latins de la liturgie, dont elle est une adaptation.

Tandis que le père Gelineau a conçu une création musicale originale. Le rythme tient compte du caractère de la langue française ; celle-ci, qui manque d'accent tonique, ne peut se moduler sur le plain-chant à l'image de la langue latine. Il faut donc bien saisir ce rythme dans sa spécificité, sous peine de lui ôter tout caractère musical et de le réduire à néant. En même temps que paraissent les fiches de chant liturgique, on fait, pour faciliter l'initiation, des enregistrements sur disques. Leur qualité est aussi une révolution : le microsillon remplace le 78 tours, il est léger et ne produit pas de sifflement puisque le saphir a pris la place de l'aiguille métallique ; la vitesse moindre autorise un enregistrement plus conséquent.

*
**

Il nous fallait un électrophone (c'est le nouveau nom du tourne-disques). Renseignements pris, la marque La Voix de son Maître a été retenue. La paroisse a fait aussi l'acquisition des microsillons comportant les psaumes du père Gelineau. L'essai est concluant : l'écoute du disque familiarise l'oreille avec le rythme particulier de ces psaumes en français. Et tout compte fait, puisqu'électrophone il y a, autant qu'il serve à la formation musicale : la paroisse achète aussi la *Sixième Symphonie* de Beethoven, la *Pastorale*, la *Symphonie du Nouveau Monde*. D'autres œuvres sont attendues.

L'église et le presbytère de Vallorcine.

Congère de neige devant l'église après la tempête.

Arrivée des paroissiens à skis, pour l'office dominical.

Février 1955. Sortie de messe un jour de « cousse ».

Février 1955. Sortie de messe un jour de « cousse ».

Alpages de la Loriaz.

Bénédiction des alpages de la Loriaz le 23 juillet 1953.

Le « bachal » de bois sur l'ancien chemin de Vallorcine.

Marcel Vouilloz au sommet de l'aiguille du Lac Blanc en 1950.

Visite à Louis Dunand, guide de montagne.

Photo souvenir devant le refuge du Couvercle, au retour de l'Aiguille Verte. Dominant le groupe René Payot.

Le Mont Blanc depuis le sommet du Buet.

Rassemblement devant la cure de Vallorcine, au premier plan Jules Vouilloz.

Pèlerinage de Vallorcine à Notre-Dame de la Salette

Cortège nuptial à la sortie de l'église.

Eglise de Vallorcine.

La municipalité de Praz-sur-Arly accueillant son nouveau curé.

Messe célébrée sur l'arête à l'endroit.

Messe à l'alpage des Tendues en juillet 1957.

Messe à l'alpage des Tendues en juillet 1957.

Noël 1951

PAS LE MOINDRE FLOCON de neige. Fait assez inhabituel à Vallorcine : un Noël sans neige !

26 décembre

Hier soir, 25 décembre, je suis allé chez Antoine Bocquet ; nous étions convenus de faire une partie de tarot, avec sa fille et une de ses nièces.

C'est un jeu de cartes qui convient parfaitement aux longues soirées de l'hiver en montagne – si bien, même, que, l'ambiance conviviale et euphorique aidant, les heures ont passé sans que nous prenions garde à les compter à la pendule.

La nuit se trouvait déjà avancée, quand la lumière s'éteint d'un seul coup. On va chercher la lampe à pétrole ; à Vallorcine, on l'a toujours sous la main, car la petite régie électrique de la commune tombe parfois en panne, et il faut attendre le lendemain pour que tout soit réparé. On ne se fait donc pas de souci, et la partie de cartes reprend à la lumière de la lampe... jusqu'à une heure du matin. Vite, il est temps de rentrer se coucher.

Nous échangeons nos adieux en descendant l'escalier, mais à la porte d'entrée... surprise ! La cour de l'école dort sous quarante centimètres de neige. (Voilà donc l'explication de la panne de courant : les fils électriques surchargés se sont rapprochés au point de se toucher.) La neige est tombée sans bruit ni vent – fait exceptionnel, ici – et nous n'avons rien entendu !

Reste le retour ! Le presbytère n'est pas très éloigné, et il n'y a, ce soir, aucun risque d'avalanche, mais je suis venu en souliers bas, et je dois faire ma trace ! Eh bien ! allons-y ! Châlant la neige et relevant les pans de ma soutane, je coupe droit à travers champs.

Il n'est pas loin de deux heures quand je me mets enfin au lit, me berçant de la douce promesse que cette abondante chute de neige découragera les fidèles d'assister à la messe de sept heures (pour la fête de saint Étienne, le premier martyr) et que je pourrai faire un peu la grasse matinée, ce qui ne m'arrive pas souvent.

⁂

Péremptoire, la sonnette d'entrée carillonne, m'arrachant au sommeil. Je me doute bien de l'identité de ma visiteuse matinale ; j'aurais dû compter avec le zèle de la Joséphine, que rien n'arrête, même pas la neige. Il faut obtempérer. Et je célèbre la messe, seul avec ma Joséphine, dans une église glacée. Après, elle m'attend pour s'excuser de m'avoir réveillé et pour me donner le bidon de lait. Car chaque jour que Dieu fait, elle remet à son curé un litre du lait de ses chèvres, sans jamais vouloir accepter le moindre paiement.

L'après-midi, j'ai prévu de visiter quelques malades que je dois préparer et confesser avant de leur porter la communion à domicile. La neige s'est arrêtée de tomber ; le ciel est entièrement dégagé. Je chausse mes skis. Le pire est à venir. À ma première visite, après un froid intense, je trouve la chaleur brûlante du *pèle*, où un bon feu m'attend. Une vague de torpeur me saisit, je m'endors littéralement et dois faire effort pour garder les yeux ouverts, suivre la conversation. La confession se passe pourtant, et puis l'absolution.

Mais le scénario se répète à chaque étape, me ballottant sans pitié entre les gifles de l'air glacé et les séductions perfides des fourneaux, jusqu'au soir, jusqu'au sommeil réparateur, enfin.

La maison à Vallorcine

Hiver 1951-1952

Grand mauvais temps.

Dehors, sifflements du vent qui rage. Coup de griffes de la neige. Dans le foyer que je visite, je trouve chaleur et calme : les gens de Vallorcine ont inventé une maison bien adaptée à leur pays. Elle est bâtie de manière particulière. Elle ressemble à celle de la vallée de Chamonix et pourtant s'en distingue. Elle est organisée pour protéger des rigueurs du climat, et elle favorise la vie familiale. Je trouve sa conception très humaine.

La porte d'entrée donne sur un long couloir qui joue le rôle de sas : l'hiver, il isole du froid et vous permet de libérer vos chaussures de la neige prise dans les semelles. Il ouvre sur la pièce centrale, l'*outa*, qui sert de cuisine pour la famille et assure l'accès à l'ensemble des commodités de l'habitation.

Une immense cheminée de bois s'appuie sur les quatre murs du pourtour et monte au sommet du faîtage. Elle se termine par deux volets que l'on ouvre ou ferme selon la direction du vent. Elle reçoit la fumée du fourneau de ménage où cuisent les aliments et celle du fourneau de pierre qui communique sa chaleur au *pèle*. Autrefois, à la place du fourneau de ménage, il y avait la crémaillère (le *cmacle*, en patois), qui portait la marmite où cuisait la soupe. Le feu était à même le sol. Je connais une maison qui possède encore cette crémaillère en exercice ; l'homme, un vieux garçon, n'a jamais cuisiné autrement.

À l'intérieur de la cheminée, on suspendait les morceaux de lard, les jambons et les saucissons qui provenaient du porc que l'on avait engraissé durant l'été et l'automne, et qu'on venait de tuer juste avant Noël. On les faisait ainsi consciencieusement fumer pour les conserver à l'abri des mouches et des insectes. Mais cette cheminée apportait une masse d'air froid dans l'*outa* ; hormis les jours d'été, on ne mange jamais dans cette cuisine. Pour supprimer cette arrivée d'air froid, on a fermé l'ouverture avec un plancher de bois. Seuls les tuyaux des fourneaux débouchent dans l'espace resté libre. On a prévu une trappe de manière à accéder à cet espace pour y suspendre la cochonnaille.

Une unique petite fenêtre, percée dans le mur nord, laisse entrer un peu de lumière. Si bien que ce cœur de la maison garde une température à peu près égale toute l'année : fraîche en été et modérée en hiver.

De l'*outa*, vous pouvez vous rendre à la resserre, le garde-manger (au nord-ouest), à l'étable (au sud), à la salle de séjour (à l'est). Un escalier vous donne accès aux chambres à l'étage, et une trappe dans le sol ouvre aux quelques marches qui descendent à la cave. Vous pouvez circuler d'une pièce à l'autre sans mettre le pied dehors, ce qui est particulièrement agréable pendant la saison d'hiver. De plus, chaque zone d'activité est isolée. En ventilant l'usage de l'espace, l'*outa* met une séparation entre l'air froid du couloir d'entrée et la douce chaleur de la salle de séjour, et une autre séparation entre la vie des gens et celle des bêtes.

La pièce commune ou salle de séjour s'appelle le *pèle*. Elle est habillée de bois et s'éclaire par une fenêtre qui donne au soleil levant, sur le devant de la maison. Outre la grande table, les deux bancs qui l'accompagnent et divers accessoires, elle comporte un lit, un canapé (presque toujours) et un fourneau en pierre de Bagnes entouré de deux banquettes en bois. Cette pierre a la particularité de procurer une douce chaleur à la pièce et de lui donner un caractère d'intimité familiale, mis en valeur par l'emploi généreux du bois dans la décoration et le mobilier. L'âtre se trouve de l'autre côté du mur ; il s'ouvre dans l'*outa*, si bien que dans le *pèle*, il n'y a ni feu ni fumée – aucun risque d'incendie, donc. En hiver, quand vous y entrez tout transi ou, au contraire, transpirant d'avoir châlé la neige, vous vous adossez contre la pierre chaude sans vous brûler. En un instant, vous vous sentez ragaillardi.

C'est ici que la famille passe une bonne partie de la journée et qu'elle reçoit pour la veillée. Après son travail, le père de famille vient se reposer sur le canapé, ce témoin fidèle de la vie quotidienne, qui pourrait raconter bien des histoires, s'il parlait ; il est fatigué comme un vieux compagnon souvent mis à contribution : ses ressorts ont lâché à l'usage et son tissu est usé d'avoir trop servi. Bien-aimé canapé des maisons de Vallorcine qui, à l'image de l'horloge, marque le déroulement du temps.

Le *pèle* abrite tous les événements importants de la vie humaine. C'est là que repose le mourant auquel le prêtre apporte l'extrême-onction. Là aussi que l'on reçoit les visites pour la jeune accouchée ou pour la grand-mère qui doit garder le lit. Ainsi, toute l'histoire de la famille s'inscrit entre ses murs.

À proximité de la maison se trouve le grenier, appelé en patois le *regat*, construit entièrement en bois. Il a la particularité de faire reposer les pannes qui le soutiennent sur des cônes pointus. L'angle aigu formé par les deux éléments – l'horizontal et le vertical – empêche l'intrusion des rongeurs. Le Vallorcin met à l'abri dans son *regat* ses graines, sa farine, ses réserves pour l'hiver : elles sont au sec et bénéficient d'un froid suffisant pour une bonne conservation. Le plancher du grenier lui sert aussi pour battre son blé au fléau.

Au pas tranquille de l'hiver

ICI, la vie va son train calmement. L'homme s'occupe de l'étable ; il sort le fumier et donne à manger aux vaches. Une fois qu'il a rentré le lot de bois qui lui revient de la coupe affouagère, au creux de l'hiver, il a du temps devant lui : il ne peut rien faire dehors pour le moment. Alors il mesure le temps qu'il consacre à ses deux ou trois vaches, de manière à ne pas tout faire à la fois, et il mesure aussi le foin, pour qu'il aille jusqu'à la reverdure de l'herbe, tard dans le printemps. Sa femme partage la quantité de foin qu'il met en bas pour la journée en petites brassées : les *torchons*. En raison de la longueur de l'hiver en montagne, le foin est une denrée précieuse ; il faut n'en rien perdre et le prendre avec parcimonie. Il faut croire que les doigts de femme conviennent à ce travail minutieux. L'homme porte aux bêtes leur *torchon*, c'est-à-dire leur ration, trois fois par jour : matin, midi et soir. Ainsi les vaches ne gaspillent pas le foin qu'elles touchent, et l'homme équilibre le déroulement de sa journée. Entre deux distributions, il s'installe sur le canapé. Il prend part à la conversation ou bien il fait un somme.

Les heures passent comme au ralenti, et le bonheur est fait de choses simples. On se croirait même en dehors du temps : l'hiver si long et l'horizon qui se perd dans l'uniformité du manteau neigeux ont un air d'éternité. On a le temps de se recevoir, pendant la journée ou à la veillée, on a le temps de lire ou de travailler quelque objet en bois.

Question : on a le temps... pour combien de temps encore ? Déjà les jeunes veulent une maison plus moderne, déjà ils désirent un travail plus rémunérateur.

Jules Vouilloz, guide et chasseur

ÂGÉ de cinquante-huit ans, il ne fait plus que des courses faciles avec des clients qu'il considère plutôt comme des amis. Et si la montagne tient toujours une bonne place dans son cœur et dans sa conversation, elle doit céder le premier rang à sa passion pour la chasse, qu'il tient de son père Joseph et de son grand-père Félix, tous deux grands chasseurs devant l'Éternel. Passion qu'il a transmise à son fils Marcel.

Avec Jules Vouilloz, la conversation est pleine de verve. Il sait raconter, et ses yeux pétillent de malice quand il évoque les tours qu'il a joués au gibier et les détours qu'il a dû faire pour se mettre à sa portée. Tout cela s'est passé dans le plus grand secret, dans le plus grand silence. Parfois même au péril de sa vie.

Comme ce jour où il était parti à la chasse bien au delà des crêtes de Balme, du côté des Autannes. Il glissa sur une pente enneigée, et au cours de la chute, le fusil, qui avait été rudement secoué, fit partir le coup ; la balle lui traversa la cuisse sans toucher l'artère fémorale, mais lui brisa l'os. Il se trouvait loin de tout, seul dans la montagne, sans espoir de secours car, comme d'habitude, il n'avait dit à personne où il allait, même pas à sa femme. Il ne pouvait compter que sur lui-même.

Il attache son fusil en guise d'attelle le long de la jambe brisée, et s'appuyant à la fois sur la jambe valide et sur les deux mains, il avance en se faisant glisser sur le derrière. Cette reptation – on n'ose pas parler de marche – lui demande de la ténacité, de la volonté et du courage ; il n'en manque pas.

À la maison, sa femme est en souci, comme toujours quand elle le sait à la chasse. Et le soleil tourne, et la journée se passe, sans qu'il revienne. Elle alerte les hommes de la famille et des amis, chasseurs eux aussi, et lance les recherches. Mais où les orienter ? De quel côté Jules Vouilloz a-t-il bien pu partir ?

Enfin, une trace de sang sur la neige... une piste rouge que l'on suit jusqu'au blessé : le fond de son pantalon n'a pas résisté au frottement prolongé sur la neige gelée et maintenant, c'est la peau qui s'en va, laissant une traînée de gouttes de sang.

Il s'en est sorti, une fois de plus, et il raconte son aventure comme une bonne blague, avec un rire malicieux.

Dans la famille, même les femmes ont une âme de chasseur. Comme leur place n'est pas de courir la montagne mais qu'elles gardent la maison, c'est casserole en main qu'elles expriment leur passion.

La mère de Jules, la Mathilde, a une prédilection pour la viande de chamois. Il faut voir sa joie, quand son fils ou son petit-fils en rapporte. Elle a dû en manger souvent autrefois. De fait, cette viande noire et serrée, très nourrissante, a une saveur particulière, un parfum spécial qui ne tient pas du gibier.

Et Élisa, la sœur de Jules (mariée au Plan Droit avec Camille Burnet, lui aussi passionné de chasse) ! Un jour que j'entre dans sa cuisine, une odeur puissante m'assaille, une odeur de fauve, à peine supportable. Elle est en train de faire cuire un renard que son homme a piégé et qui, sous peu, régalera... devinez !... ses poules !

Jules Vouilloz a goûté à toute sorte de gibier. Le moins bon, juge-t-il, c'est la viande de marmotte : elle a un goût de terre. En fait, on chasse la marmotte pour sa graisse, remède réputé souverain contre les rhumatismes. Il faut aller la chercher l'hiver, pendant qu'elle dort au fond de son terrier. Repérer l'entrée de son refuge, évaluer sa direction, creuser plusieurs puits pour situer le nid – toutes opérations menées dans un environnement de neige brassée et souillée – c'est un travail sale, fatigant, et peu rémunérateur. Jules n'y va plus.

Mais les exploits de la chasse, on ne les raconte qu'à la maison, entre amis ou entre gens de connaissance, on n'en parle qu'entre Vallorcins, et encore ! En tout cas, le sujet ne dépasse pas la barrière du col des Montets, et on se méfie des oreilles qui traînent : douaniers, gendarmes et autres.

D'ailleurs, les Vouilloz ne sont pas les seuls à arpenter les cols de la Terrasse, du Passet, les combes de Tré-les-Eaux, d'Émosson, l'envers des Perrons ou les plateaux qui dominent le Fer à Cheval. Chacun connaît les noms de ces chasseurs invétérés, prêts à tout lâcher – travail, femme et enfants – dès que pointent à une crête les cornes d'un chamois. En tout Vallorcin, il y a un chasseur qui sommeille. Naître et habiter entre le col des Montets et la frontière suisse, c'est être citoyen d'une petite république qui a ses lois à elle, spécialement en ce qui concerne la chasse.

Les processions des Rogations

Printemps 1952

Dans la fraîcheur matinale, le long des champs et des jardins, glisse une procession : en tête, la croix, l'enfant qui porte le bénitier avec son goupillon et celui qui, une clochette à chaque main, rythme le pas en les agitant tour à tour. Quelques membres de la chorale – des fillettes pour la plupart –, des femmes et deux ou trois hommes alternent avec le curé les invocations des litanies des saints : « *Te rogamus, audi nos !* »

Les trois jours qui précèdent la fête de l'Ascension sont réservés à des prières particulières pour les biens de la terre : prières de louange et de remerciement, prières de supplication pour que Dieu bénisse les récoltes et leur donne du fruit. Après la messe, le cortège se met en route par les chemins de la campagne, changeant chaque jour d'itinéraire, contemplant au passage l'avancement des travaux que chaque famille a commencés avec le printemps.

Cette procession champêtre s'inscrit dans un décor paysan où la religion colle aux réalités de la vie rurale. Les pieds qui processionnent sont ceux qui vont et viennent sur le chemin pour aller au travail, au jardin, au champ labouré ou à la pâture. Souvent la glace orne les petits ruisseaux qui courent le long du chemin : les Rogations, avec les saints de glace, sont comme le chant du cygne des frimas de la mauvaise saison.

On s'arrête à un oratoire ou à une croix, décorés pour la circonstance, une prière est dite, et la bénédiction est donnée aux champs des alentours. Chacun rentre ensuite chez soi.

La hotte

Sa hotte sur le dos et sa faucille en main, elle s'en va chercher l'herbe sèche sur les vires qui dominent le village ; comme toutes les femmes du pays, elle a le pied montagnard. Le moindre brin d'herbe est le bienvenu : il grossira le tas de foin à la grange, ou servira de litière sous les vaches.

C'est Mathilde Vouilloz qui me parle de son jeune temps, quand elle était dans la force de l'âge, et qui dit le roman de la hotte. Elle fait partie du nécessaire de tout bon Vallorcin, homme ou femme. Ils ont toujours une hotte sur le dos : hotte pour aller à l'alpage, hotte pour le foin de la montagne, hotte pour porter les commissions, hotte pour le fumier, pour les pommes de terre, etc. On dit plaisamment que tout enfant naît à Vallorcine avec une hotte déjà sur le dos. Elle est faite en bois, et les grands-mères se sont courbées sous son poids : elles sont maintenant toutes voûtées.

Pendant l'hiver, chaque Vallorcin profite de l'inactivité forcée pour réparer tranquillement les hottes, comme tous les outils et ustensiles qui servent au travail : montées avec de fines lames de sapin tressées sur une armature de bois, elles s'usent vite, à être employées constamment. L'homme va couper le bois nécessaire, le fend judicieusement, le met à tremper dans l'eau du bassin pour l'assouplir ; ces lamelles de bois se plient sous la main. Ce travail demande tout un art.

Mais la jeune génération utilise de moins en moins la hotte. Elle préfère recourir à des matériaux plus solides et plus légers.

La paroisse de Finhaut, une voisine suisse

Printemps 1952

De l'autre côté de la frontière avec le Valais, à partir du hameau du Châtelard, partent deux chemins : l'un qui conduit au village de Finhaut et l'autre au village de Trient.

Finhaut est une jolie station d'été située au soleil levant, au-dessus des gorges où bouillonne la rivière – on dirait plutôt un torrent – qui descend du glacier du Trient et qui, grossie de l'Eau Noire et de la Barberine, rejoint la plaine du Valais à Vernayaz. Les nombreux hôtels rappellent que Finhaut attirait les touristes pendant l'entre-deux-guerres, et déjà même avant la guerre de 1914 – particulièrement des Anglais qui venaient y passer leurs vacances. Ils arrivaient par le train : le Martigny-Châtelard dessert le village.

Pour garder cette clientèle et conserver son cachet à la station, les autorités communales ont refusé la construction d'une route ouverte aux automobiles. Cette route aurait désenclavé leur commune en la reliant d'une part au village des Marécottes, sur Salvan, et d'autre part au hameau du Châtelard, vers la frontière française. Mais les Anglais oublièrent Finhaut, et les hôtels fermèrent les uns après les autres, avant d'être transformés en maisons d'enfants. La route n'est toujours pas faite : aucune voiture automobile ne peut monter à Finhaut. Ce qui arrange les affaires de la compagnie propriétaire du train Martigny-Châtelard.

Le curé de Finhaut est un chanoine de Saint-Maurice, car la paroisse fait partie de l'ensemble de ce que l'on appelle une prélature nullius, confiée à l'abbé de Saint-Maurice. L'église a été rénovée un peu avant cette dernière guerre et les peintures intérieures sont dues à Cingria, peintre d'une certaine renommée et bien connu en Suisse. Le curé, le chanoine Favre, est un homme charmant ; il n'épouse pas tout à fait les recherches pastorales et les idées du clergé français, mais il accueille avec plaisir son confrère voisin. Je prends le train en gare de Vallorcine ou bien je monte à pied le long de la voie ferrée, si aucun train n'est annoncé. Le spectacle est magnifique, tout au long de la montée, au soleil levant.

Si l'église est dédiée à saint Maurice, le chef de la Légion thébaine dont l'abbaye du même nom entretient toujours le culte, le patron de la paroisse est saint Sébastien. Sa fête, le 20 janvier, est chômée par toute la population. Le canton du Valais est profondément catholique.

La journée s'ouvre par une procession qui défile à travers les rues du village, encombrées de neige, en chantant l'hymne des martyrs en l'honneur de saint Sébastien. Celui-ci était officier dans la garde de l'empereur Dioclétien ; reconnu chrétien, il fut condamné à être percé de flèches jusqu'à ce que mort s'ensuive. La dévotion à ce saint était très populaire dans l'Occident chrétien.

Puis, grand-messe solennelle au cours de laquelle le pain bénit est apporté en procession par deux jeunes filles habillées de blanc, encadrées par des soldats en uniforme. (En Suisse, chaque citoyen est considéré comme soldat, donc garde à son domicile sa tenue et ses armes ; il est prêt à répondre immédiatement à l'appel pour le salut de la patrie.) Le pain bénit est distribué pendant la messe, après le chant du *Credo*.

Le curé reçoit à midi ses invités et ses hôtes pour un repas où les vins du Valais sont à l'honneur.

Ensuite vêpres à l'église, et après vêpres, sur la place publique devant l'église, des enchères se tiennent : c'est à celui qui misera le plus pour avoir le droit d'être considéré comme le parrain du drapeau de la paroisse. L'argent ainsi récolté entre dans la caisse de la jeunesse du pays.

Quittant Finhaut, le train passe au petit hameau du Trétien, au joli village des Marécottes, à Salvan, et descend rapidement vers la plaine du Valais qu'il rejoint à Vernayaz pour s'en aller terminer son trajet à Martigny, où il retrouve la ligne des C.F.F.

Lausanne–le Simplon. La pente est forte, aussi le chauffeur enclenche-t-il la crémaillère pour mettre la rame en sûreté. Vous avez alors le loisir d'admirer le paysage.

Aujourd'hui, le printemps accroche une féerie de fleurs aux rochers, tout le long de la voie. Pour un peu, il suffirait de tendre la main pour en cueillir une au passage.

La bénédiction de l'alpage, à Loriaz

Été 1952

À la différence d'autres communes, qui possèdent des alpages particuliers appartenant soit à des personnes privées soit à des consorts, comme Balme ou Charamillon, Vallorcine a un alpage communal, où chaque habitant peut mettre ses bêtes durant l'été : la montagne de Loriaz. Ses prairies s'étendent sur un plateau situé au-dessus des crêtes du versant nord-ouest, et que dominent l'aiguille de Loriaz et le massif des Perrons. La gestion en est assurée par un procureur et ses adjoints, qui embauchent du personnel pour la saison : il faut conduire les bêtes au pâturage, les garder et prendre soin de l'herbe pour ne pas la gaspiller, traire les laitières matin et soir, battre le beurre, faire le fromage et le surveiller, nettoyer les étables.

La pesée officielle du lait se fait trois fois durant l'inalpage, en présence du procureur et de ses adjoints : au début de la saison, au milieu (le rendement en lait atteint alors son maximum) et en fin de saison, juste avant la descente, quand l'herbe a déjà perdu de sa qualité nutritive. Ces calculs permettent d'établir une moyenne de lactation pour chaque vache afin de partager équitablement la production de fromage entre les propriétaires, selon le nombre de vaches qu'il a inalpées.

Pendant que le troupeau est à l'alpage, sous la garde des bergers, le paysan se trouve libre pour rentrer son foin en vue de l'hivernage prochain. Il ne néglige pas une parcelle, si petite soit-elle, car la moindre herbe fauchée grossit la provision dont il a besoin pour le long hiver.

La coutume veut que le curé monte au cours de l'été pour procéder à la bénédiction de l'alpage.

Ce matin, je prends le sentier qui conduit à la montagne, accompagné d'un prêtre de la banlieue parisienne, de ma sœur et de mon beau-frère (tous trois en vacances à la cure). J'ai mis dans mon sac ma soutane, un surplis, une étole et un rituel, toutes choses nécessaires à la cérémonie. L'eau, le sel et la chandelle, je les trouverai sur place.

Les alpagistes font toujours bon accueil aux visiteurs : ils n'ont pas beaucoup de monde qui vienne les voir durant la saison. Une visite allège la solitude, bien qu'en vérité ils n'aient pas le temps de s'ennuyer : la traite des vaches et les multiples travaux ne leur en laissent pas le loisir.

Deux sont étrangers à la vallée, seul le plus jeune est du pays. Après avoir parlé avec eux de leurs conditions de travail, de la santé du troupeau et de l'état de l'herbe, je viens au-devant de la *chavanne*, la maison des bergers. Je me tiens face aux étables où les bêtes sont au repos. Il va être midi. J'ai revêtu ma soutane, je mets le surplis et l'étole, et dis la prière de bénédiction :

Dieu, qui êtes chez vous en tout lieu
et qui partout nous entourez de bienveillance et de douceur,
écoutez-nos prières ;
bénissez ces gens pour toujours
et donnez à ces fidèles qui vous supplient
l'abondance de vos dons.
Nous vous en prions par Notre Seigneur Jésus-Christ.

J'asperge d'eau bénite chaque étable, puis reviens pour bénir les bergers.

Nous partageons ensuite le repas des bergers, avec les provisions que nous avons montées dans nos sacs. Une bouteille de vin que j'ai apportée est la bienvenue, parce qu'ils n'ont pas souvent l'occasion d'en boire. Cela les change du laitage.

La visite, la bénédiction, le repas pris ensemble : gestes tout simples de la vie montagnarde, qui expriment la cohésion d'un groupe. Sur place, ils cassent la monotonie du quotidien à l'alpage – la compagnie exclusive des bêtes, la fatigue d'un travail harassant –, et sont une réponse à l'appel des âmes.

En remerciement et selon la coutume, j'aurai droit cet automne à un fromage de l'alpage, qu'on aura prélevé sur la production avant la distribution aux propriétaires.

Les Perrons, avec Marcel Vouilloz

Juillet 1952

Isolé au milieu d'un ensemble de roches schisteuses, il est tentant pour le montagnard, ce massif des Perrons, avec son granit fauve qui s'apparente à celui des aiguilles de Chamonix ! Il se dresse entre l'aiguille de Loriaz et le col du Passet, sur le versant d'Émosson. Il domine l'alpage de Loriaz à l'est et la crête du Cheval Blanc à l'ouest, crête qui relie le sommet du Buet aux montagnes du Grenairon-sur-Sixt. Marcel Vouilloz, qui m'emmène faire les Perrons en traversée, m'a promis un rocher solide qui offre des prises sûres, un parcours aérien et une vue magnifique sur le massif du Buet, le mont Ruan, la tour Salière. C'est une course très belle, mais peu connue et peu fréquentée car, située à l'écart des massifs d'Argentière et de Chamonix, elle ne compte pas parmi les classiques que proposent les guides. La marche d'approche n'en est pourtant pas plus pénible.

De très bonne heure ce matin, nous avançons tous deux sur le chemin qui conduit à l'alpage de Loriaz. Les bêtes ne sont pas encore montées pour l'inalpage. Aussi la prairie, sous les chalets, déploie-t-elle le beau vert d'une herbe neuve et drue, que les fleurs rehaussent de vives couleurs : bleu des gentianes, violet des pensées de montagne, blanc des lys des Alpes et de la linaigrette (ou « herbe à coton »), jaune de l'anémone soufrée ; sur les rochers alentour, les bouquets rouges des rhododendrons. Nous prenons le temps de contempler l'exubérance de ce petit coin de nature où les fleurs du printemps donnent la main à celles de l'été en un raccourci saisissant de la flore alpine. La saison des beaux jours est courte en montagne. Il ne faut pas en perdre une minute. La neige vient à peine de disparaître, et déjà, sous l'ardeur du soleil, la terre encore humide se réchauffe, fait germer et éclore rapidement les graines qu'elle abritait durant le long hiver. Les plantes se hâtent de s'étoffer, porter feuilles, fleurs, fruits, d'accomplir le cycle de leur vie avant que l'hiver n'étende partout son manteau neigeux.

Nous repartons en longeant les chalets d'alpage, et montons en direction des Perrons. Marcel attaque le sentier dans la pierraille qui conduit à la cheminée. Il marche lentement, un pas l'un après l'autre, en souplesse et sans fatigue. Je fais de même. Le corps ne peine pas, la respiration reste normale. Nous voilà au pied du rocher que Marcel palpe avec douceur ; on dirait une caresse, une salutation, un bonjour de retrouvailles. Il sort de son sac la corde qui va nous relier et nous unir pour la course. Je fais l'ascension sans peine, enchaînant les prises, tranquillement, suivant les conseils de mon guide. Et je suis tout surpris de me trouver en haut, sur la crête, sans fatigue apparente. Le montagnard démarre lentement ; un client inexpérimenté serait tenté de lui dire : « Avançons un peu plus vite ! » Et pourtant, il faut freiner son ardeur au départ d'une course pour que le corps s'habitue à l'effort, pour que les muscles s'échauffent tout doucement, et pour que le rythme cardiaque ne s'emballe pas. Et puis, il faut savoir garder des forces en réserve, en cas de difficulté imprévue.

Il fait un temps magnifique. Nous casse-croûtons de bon appétit en savourant cette heure de plein accord, d'union avec la montagne. Marcel pointe du doigt les cimes qui nous entourent et fait les présentations. Une cigarette pour la touche finale, et en route !

Traversée sans problème.

La matinée est déjà avancée quand nous rejoignons le sentier qui mène à Barberine. Nous marchons dans la forêt, où se mêlent feuillus, sapins et mélèzes – un panachage de verts et de senteurs ; les rayons du soleil jouent à travers les branches. Tout à coup, Marcel stoppe, se baisse sans un mot, m'arrête d'un geste, puis, un doigt sur les lèvres pour demander le silence, me désigne de l'autre main un point de la forêt. J'ai beau écarquiller les yeux, je ne vois rien de particulier... jusqu'à ce que quelque chose bouge... une masse beige... : un chamois – une femelle, plus exactement, suivie de ses deux petits qui broutent tranquillement l'herbe du sous-bois.

Ils se croient seuls au monde, ils n'ont pas senti notre présence, ils ne sont pas pressés. Marcel me fait comprendre qu'il nous faut attendre qu'ils s'en aillent pour reprendre notre marche. Surtout, ne pas déranger une bête sauvage qui est à la pâture avec ses petits ! Elle vit sur un territoire qu'elle a délimité et qui lui appartient. À nous de patienter...

Après l'infini des cimes, le cercle de famille : au retour nous retrouvons au Mollard la jeune femme de Marcel, avec leur petit Michel, âgé d'un an.

Mort en montagne

Octobre 1952

Ce matin, on sonne à la cure : Marc Burnet, un cousin de Marcel Vouilloz. Il vient me dire que Marcel, parti seul en montagne hier matin, n'est pas rentré. On se fait du souci au Mollard. Marc lui-même a la figure défaite et les larmes aux yeux : il est sûrement arrivé quelque chose !

Comme son père bien des années en arrière, Marcel n'a pas dit à sa femme où il allait. Des équipes de sauveteurs partent à sa recherche, principalement du côté de son coin favori, le massif des Perrons.

C'est dans la face nord des Perrons, au bas d'un couloir herbeux, que son corps est retrouvé. On le ramène au village et on le dépose à la maison auprès de sa jeune femme, de sa mère, de son père, de tous ses proches unis dans le même chagrin. Jules, en particulier, est abattu. Il était fier de ce fils, guide réputé et estimé, sorti dans les premiers de sa promotion. Il se refuse à croire à l'inexorable.

Pourquoi son fils est-il tombé en montagne, en pleine force de l'âge, avec toutes les capacités que chaque guide de la Compagnie lui reconnaissait ? Pourquoi ? Qu'est-ce qui s'est passé ? Est-il tombé ou a-t-il dévissé ? Et le père examine les boutons de la veste de son fils : ils n'ont pas été arrachés. Il regarde ensuite les ongles de ses mains : ils ne présentent pas trace de terre. Alors le père se redresse, comme dans un ultime sursaut de fierté : « Marcel n'a pas dévissé, il n'a pas failli, me dit-il, car voyez-vous, celui qui tombe essaie de se retenir à la montagne avec ses mains pour enrayer la chute, et ses ongles sont noirs de la terre qui a été rabotée. En voulant se raccrocher, il colle son corps à la pente, et les boutons de la veste sont arrachés les uns après les autres. La chute dans un couloir ne se compare pas à la chute dans une paroi rocheuse ou glaciaire. J'en ai assez vu au cours de ma carrière de guide. Non, Marcel n'a pas lâché. Il est tombé malgré lui. Une pierre a dû partir d'en haut, comme cela arrive souvent dans un couloir très incliné, et il a été atteint à la tête au moment où il traversait. Elle l'a assommé, et son corps a été projeté dans le vide. »

La tension qui a soutenu Jules dans son effort pour reconstituer l'accident, fléchit ; Jules s'assoit à côté du corps de son fils, prostré dans la douleur. « Pourquoi ? Pourquoi lui ? Ç'aurait dû être moi, j'arrive bientôt à la vieillesse. Mais lui, qui avait une jeune femme et un petit ! Pourquoi ? » Ce mot va hanter les jours et surtout les nuits du père éploré.

La mort en montagne est toujours douloureuse, car elle a le visage de l'injustice ; elle est un arrachement. La montagne, veut-on croire, c'est un beau paysage, l'effort musculaire où tout le corps se déploie, le contrôle de la peur et la maîtrise de soi ; ce n'est pas la mort.

Le chagrin s'étend à toutes les familles de la commune. C'est l'un des leurs que la montagne a pris, et cette montagne fait partie de leur univers. Quand elle se venge, on se dit qu'elle est une garce, on la voue aux gémonies, et pourtant on ne peut pas ne pas l'aimer.

L'adieu

L'église de Vallorcine est trop petite pour contenir la foule qui accompagne la dépouille de Marcel : toute la paroisse est là, autour de la famille, ainsi que les guides de la Compagnie de Chamonix. L'assistance est saisie par l'émotion. Les membres de la chorale sont du même âge que le défunt ; leurs chants au cours de la messe sont emplis de l'amitié qui les unissait. Ils les interprètent de toute leur âme, en particulier le *O Jesu Christe* de Van Berghem : « Prends pitié, Seigneur Jésus, je crie vers toi dans ma douleur, tu es mon espérance ! » Ce motet exprime tout leur déchirement de la séparation ; interprété à quatre voix mixtes, mettant en relief la communion des paroles avec la musique, il dit la confiance de l'âme en Jésus-Christ par-delà la mort.

Les skis : la panacée

PENDANT la saison de la neige, les skis font partie du quotidien. Ils rendent les plus grands services. On les utilise constamment : pour se déplacer jusqu'au village voisin, pour aller faire des achats aux magasins du chef-lieu, pour se rendre à l'église, pour rallier Argentière ou même Chamonix.

Le médecin qui dessert la commune vient du village de Finhaut, en Suisse. On sait que l'on peut toujours compter sur lui, quel que soit le temps ou la quantité de neige. Le docteur Iten – c'est son nom – pratique le ski de fond ; il est même champion de cette discipline, en Suisse. Son amabilité avec ses patients et leurs familles, et sa compétence professionnelle sont à la hauteur de ses qualités de skieur : il a un diagnostic sûr et imparable, atout essentiel car il se trouve seul face au malade : Chamonix et Martigny sont loin et difficiles d'accès en hiver. C'est pourquoi il est très estimé dans la vallée, des deux côtés de la frontière.

La traversée du Chardonnet

Août 1953

La kermesse de la *Fêta d'Out* a permis de mieux connaître quelques vacanciers d'été, qui ont rendu service à la paroisse. L'un d'eux me demande de l'emmener en course : il a fait de la montagne lorsqu'il était étudiant, mais depuis son mariage il y est peu revenu parce que sa femme ne partage pas cette passion. J'accepte, et nous nous décidons pour l'aiguille du Tour, ascension sans vraies difficultés.

*
**

Hier, nous quittons le village du Tour dès après midi. Soucieux d'être au mieux de sa forme, mon compagnon préfère partir de bonne heure pour se reposer à loisir au refuge, en fin de journée.

Nous prenons à travers la prairie la piste qui nous conduit au bas du sentier du Psheu, sentier qui monte directement dans une faille du rocher, le long de la moraine du glacier. Les jours de pluie, l'eau dévale à l'intérieur de cette cheminée de pierre, comme un torrent. D'où le nom patois de ce passage, qui est d'ailleurs plutôt un raccourci ; le véritable sentier passe par Charamillon à travers les alpages.

La montée est rapide, et nous arrivons au refuge Albert-Ier dans le milieu de l'après-midi. Nous saluons le gardien et posons sacs et matériel : cordes, piolets... et les crampons, qui ne sont pas nécessaires pour cette course, mais que mon client a emportés, par mesure de sécurité, dit-il.

Comme j'ai du temps devant moi et qu'il fait beau, je prends mon bréviaire et m'installe sur une pierre, à quelque distance du refuge.

Une joyeuse exclamation me tire de ma prière : « Tiens, salut ! Qu'est-ce que tu fais là ? » C'est un prêtre du diocèse, que je connais bien ; il a mon âge et il est aumônier de J.A.C. « Je vais à l'aiguille du Tour avec un touriste en vacances à Vallorcine. – Mais que vas-tu donc faire là-bas ? Viens avec nous, on fait la traversée du Chardonnet par l'arête Forbes. Nous sommes trois : il y a Jean et le vicaire général. » Je connais Jean : il s'agit d'un bon alpiniste.

Après un regard à la cime majestueuse du Chardonnet, qui offre à mes yeux une face verticale, je proteste : « Tu ne veux pas comparer l'aiguille du Tour et le Chardonnet ! Je ne me sens pas capable de conduire mon homme au Chardonnet. Il faut être sérieux. – Tu es équipé ? – Oui, nous avons même les crampons. – Tu vois, vous êtes parés. Tu nous suis, et dans les passages difficiles on te passe une corde. Allez, viens avec nous ! – Il faut que j'en parle à mon client. On se retrouve au refuge. »

Et c'est ainsi que ce matin nous voit tous les deux au pied de l'arête Forbes, en compagnie de la cordée des trois curés, et de quelques autres, engagés dans la même course.

Le jour se lève quand nous commençons la montée. Le ciel est dégagé de tout nuage ; la journée s'annonce belle. Sous les crampons, la neige porte bien : il a fait froid cette nuit. Les conditions en montagne sont d'ailleurs optimales en ce moment. Il a beaucoup neigé cet hiver et la couche de neige revêt l'ensemble du massif ; elle adhère suffisamment pour permettre aux courses glaciaires de se dérouler dans de bonnes conditions.

Bientôt le soleil nous rejoint et illumine un univers féerique de cimes et de glaciers.

Rien ne devrait entraver notre progression, mais nous sommes rapidement distancés. Mes amis, dépités de nous voir si lents, se lassent : « Prenez votre temps, on vous attend au sommet de l'arête. » C'est que mon client, féru de photographie et grand fumeur de cigarettes devant l'Éternel, s'arrête à tout moment pour fixer sur la pellicule tel point de vue magnifique, ou pour tousser et expectorer le trop-plein de nicotine qui lui encrasse les poumons... Quand nous atteignons le sommet de l'arête Forbes, mes amis sont déjà loin.

Je m'engage sur le fil de l'arête sommitale. La trace est bonne, les crampons mordent bien ; aucun problème, si ce n'est la pente de chaque côté, qui ouvre sur le vide : d'un côté le glacier du Tour, de l'autre celui d'Argentière. La progression est lente, c'est normal, je choisis soigneusement l'endroit où je pose les pieds, et je surveille l'avancée de mon camarade, la corde suffisamment tendue pour parer à toute éventualité, et le piolet chaque fois solidement enfoncé dans la neige.

Sur ma droite, mais bien en contrebas, les aiguilles du Tour. Dire que je devrais me balader tranquillement là-bas, et me voilà à pas de fourmi sur cette arête ! Pourtant, je ne donnerais pas ma place ! Marcher en tête sur un terrain délicat, avec la responsabilité de ramener le compagnon attaché à l'autre bout de la corde, cela vous fouette le sang et décuple vos possibilités.

Un gendarme de granit, posé à l'aplomb de la ligne sommitale, oblige à un détour sur la droite. La pente s'ouvre sous nos pieds, le vide s'encastre entre nos jambes. Je passe sans difficulté, puis assure, faisant filer la corde autour de mon piolet. Ensuite nous prenons la trace jusqu'au sommet, sans encombre.

Mais là, eh bien, pas d'amis ! Ils ont dû perdre patience. Un peu déçu, et en souci de repartir sur un itinéraire que je ne connais pas, j'ai un moment de lassitude, vite maîtrisé : de toute façon, il faut descendre – et sans trop tarder, car la journée est déjà bien avancée.

À la descente, le client passe en tête pour que le chef de cordée puisse l'assurer et enrayer tout dérapage. La pente est raide, mais la glace est de bonne qualité. Mon client a peur, son pas se fait hésitant. Je le rassure, l'encourage à planter solidement ses crampons dans la glace.

Mais le vrai suspense, c'est le col Adam Reilly qui nous le réserve. Il a la forme d'une selle de glace incurvée entre deux rochers. Le franchir n'est pas difficile ; par contre, la descente... Elle fait environ dix mètres de hauteur et se trouve tout entière en glace vive, sur une façade verticale. Les guides ont taillé, sur l'arête de la selle, un champignon de glace auquel est attachée une corde fixe qui pend dans la pente.

Mon client passe en premier. Je l'assure consciencieusement pendant que, la corde fixe empoignée à deux mains, il pose ses crampons dans les marches que les cordées précédentes ont taillées (des *baignoires*, en jargon chamoniard) et rejoint sans difficulté le petit replat situé à droite.

À mon tour. Je lui recommande de ficher la pointe de son piolet dans la glace et de faire coulisser la corde autour. Mais la glace est trop compacte, et la pointe ne s'enfonce que de quelques centimètres. Assurance illusoire ! Si je glisse, nous chuterons tous les deux dans le couloir vertigineux qui donne sur le versant d'Argentière...

Le défi aiguise mes forces et mon attention. Me tenant à la corde fixe, j'accomplis correctement chaque geste. Quand elle s'arrête, il me reste à obliquer pour atteindre le replat, en ne comptant plus que sur moi – mes pieds, mon piolet. Alors, vous vous faites tout léger, vous oubliez votre camarade – il ne peut rien pour vous –, vous recommandez votre vie à Dieu, vous bandez vos muscles... et vous passez !

Le reste n'est plus que promenade. Encore que la traversée du glacier du Tour, à deux heures de l'après-midi, dans une neige que le soleil a ramollie, ne soit pas une partie de plaisir !

Au refuge Albert-Ier, mon trio de curés s'est reposé tranquillement en nous attendant et rit à gorge déployée devant nos mines fourbues. Je leur reproche de nous avoir abandonnés, ce qui ne suscite en eux aucune contrition. Mais honnêtement, avoir réussi cette course en tête me laisse un sentiment de satisfaction. Je serais presque tenté de les remercier pour ce temps fort que j'ai vécu.

En visite à Trient, dans le Valais

8 décembre 1953

Aujourd'hui, pour la fête de l'Immaculée Conception, fête chômée en Valais, je me rends à la paroisse de Trient, de l'autre côté de la frontière.

Le village de Trient se situe dans une combe au pied du col de la Forclaz, sur la route qui relie la France à la cité de Martigny.

Les Vallorcins ont emprunté longtemps ce chemin lorsqu'ils se rendaient à leurs vignes, au pied de la Forclaz, dans les coteaux qui dominent Martigny. La réforme du gouvernement Poincaré, en 1924, a reporté la ligne de frontière économique à la frontière politique ; du coup, elle a supprimé les avantages de ces vignobles situés en Suisse. Elle a tari par le fait même les allées et venues des vignerons à travers le col de la Forclaz. Les Vallorcins ont vendu leurs vignes et leur mazot, en Valais ; ils se sont coupés un peu plus de leurs voisins suisses pour regarder par-delà le col des Montets.

Après avoir traversé l'Eau Noire, en quittant le hameau du Châtelard, la route monte à flanc de rocher jusqu'à la hauteur de Tête Noire. Une ancienne auberge rappelle à cet endroit le souvenir des voyageurs qui allaient de Savoie en Valais, et, par-delà, en direction du col du Grand-Saint-Bernard et de l'Italie. La route tourne ensuite la montagne et prend la direction du sud-est, rejoignant la combe où coule le torrent du Trient, en provenance du glacier du même nom.

Le fond de la combe ouvre d'une part au chemin qui conduit au col de Balme, où se situe la frontière, et d'autre part au sentier du glacier du Trient.

Je suis monté à skis et j'arrive tout humide de la neige que j'ai fait voler et de la transpiration après l'effort. Au presbytère, je me change et enfile ma soutane. Après m'être annoncé au maître des lieux, je vais à l'église pour saluer le Seigneur. Quand je m'agenouille pour ma visite au Saint-Sacrement, ma soutane s'étale en corolle autour de mes jambes, et une douce chaleur m'envahit, le temps de la prière ! J'en sais l'explication. L'église (dans ce petit village de montagne !) est de style néo-gothique, avec une voûte haute, et réclamait donc pour son chauffage des solutions adaptées. Aussi l'a-t-on équipée de tuyaux comportant des résistances électriques, fixés sous les agenouilloirs. Pendant l'office, lorsque vous vous mettez à genoux, vous sentez la chaleur monter et envahir votre corps tout entier. Elle sèche vos pieds mouillés d'avoir marché dans la neige et vous prodigue son réconfort.

Bien que la paroisse fasse partie du diocèse de Sion, elle est traditionnellement desservie par un chanoine du Grand-Saint-Bernard, comme Martigny et les villages de la vallée des Entremonts, en remontant vers le col. Ces religieux, formés à l'hospice du Saint-Bernard, sont habitués à une vie quasi érémitique en montagne. Il leur faut faire face à la solitude, à l'hiver qui n'en finit pas, aux longs trajets et aux difficultés inhérentes à la mauvaise saison. Pour ces infatigables marcheurs, la route de Martigny par le col de la Forclaz, à la montée comme à la descente, est comme une promenade. Pourtant, une croix posée à proximité du col rappelle qu'ici un curé de Trient est mort de froid dans le brouillard, en remontant de Martigny. Il n'était qu'à quelques mètres de la maison du col. Et il n'y a pas tellement longtemps.

Carnet rose dans une vallée blanche

ON M'A RACONTÉ cette aventure, qui s'est passée quelques années avant mon arrivée.

19 janvier 1945

Le matin. L'homme est sorti sur le pas de sa porte ; il inspecte l'horizon en direction du col des Montets. Guide de montagne, il a l'habitude de lire dans le ciel le temps qu'il va faire, selon la direction des vents, la vitesse des nuages, la clarté de l'air.

Aujourd'hui, cela sent la neige. On dirait que le ciel en retient une masse enserrée entre les deux versants de la montagne et qui ne se décide pas à tomber. Le vent va-t-il la pousser plus loin, de l'autre côté de la frontière ?

Rien de bien méchant, et pourtant, une inquiétude à peine perceptible reste marquée au creux de son être.

Il vient de déjeuner. Sa femme s'affaire aux soins du ménage. Leurs trois enfants dorment tranquillement. Aucun bruit ne vient troubler leur sommeil. La nature est endormie, engourdie dans son cocon de neige – neige qui couvre le sol, neige qui remplit le ciel. Le silence comme une chape enveloppe toute chose.

L'homme monte dans la chambre supérieure, qu'il est en train d'aménager pour les enfants : il habille murs et plafonds de voliges ; la boiserie isolera des rigueurs de l'hiver et donnera une note chaleureuse à la pièce.

Neuf heures : le temps s'assombrit d'un seul coup. La neige se met à tomber en tourbillonnant. Des rafales soufflées par le vent battent les murs. On dirait que le ciel, fatigué de retenir cette masse, se vide en un instant de son trop-plein. L'homme dévale jusqu'à la cuisine : « Vite, presse-t-il sa femme, habille-toi, prépare tes affaires, il faut que tu prennes le train pour Chamonix. La neige va nous isoler plusieurs jours. »

C'est que sa femme attend pour bientôt son quatrième enfant, et qu'elle doit accoucher à la maternité de Chamonix.

En effet, la sage-femme qui, depuis 1927, venait du Châtelard, en Suisse, est partie l'année précédente (pour suivre son mari, muté à la centrale de Vernayaz), au grand dam des futures mamans.

Les enfants, réveillés, restent ahuris devant la bousculade. La grand-mère, qui s'occupera d'eux, porte le dernier-né dans ses bras, les aînés s'agrippent à son tablier au moment des baisers d'adieu.

Dehors, la neige tombe dru, la couche est déjà épaisse. On n'y voit guère, avec ce temps très sombre et ces flocons qui vous cinglent la figure. Chaudement vêtus, Louis et Alice chaussent leurs skis et glissent vers la gare de Vallorcine ; Louis porte sur son dos la valise de sa femme. Le train est en gare. Alice embarque. La rame s'ébranle. La neige recouvre déjà les voies, et la locomotrice peine à s'ouvrir un passage.

Alice s'arrête aux Praz, chez ses parents, pour les derniers jours d'attente, avant d'entrer à la maternité.

29 janvier 1945

Elle met au monde un garçon. Elle n'attend aucune visite de Vallorcine : la neige a continué de tomber sans désemparer pendant une semaine et toute liaison ferroviaire est suspendue par crainte des avalanches. En fait, Alice a attrapé le dernier train pour Chamonix. Elle fait savoir à Louis, par un messager qui remonte dans la vallée, que l'accouchement s'est bien passé et que l'enfant se porte bien.

9 février 1945

Alice reçoit bon accueil aux Praz à nouveau. Pourtant le temps lui dure de son mari et de ses enfants. La neige a cessé de tomber, le temps s'est mis au beau, mais la couche de neige est telle que la voie n'a pas encore été déblayée. D'autant que les avalanches sont descendues de part et d'autre du col des Montets : le train ne pourra pas passer de sitôt. (De fait, cette année-là, la ligne reste hors de service près d'un mois.)

13 février

Cette fois, c'est une jeune femme de Vallorcine qui sert de vaguemestre des neiges : elle s'apprête à remonter chez elle à skis, et Alice lui confie un mot pour Louis, à qui elle demande de venir la chercher.

14 février

Temps beau et froid ; la trace sera bonne. Louis a préparé une hotte avec un oreiller et deux petites couvertures pour le transport du bébé. Il la fixe sur son dos, chausse ses skis, en charge une autre paire sur son épaule gauche, pour Alice.

L'air est sec en ce début de matinée, et les skis glissent parfaitement. Louis prend la trace qui monte en direction du tunnel ferroviaire, le traverse par le passage aménagé à l'usage des piétons, entre la paroi et la murette qui protège du rail électrique, et retrouve la neige de l'autre côté. D'une seule traite il se retrouve sous le village du Lavancher. Il doit franchir l'avalanche descendue de la Verte, qui obstrue tout le fond de la vallée. L'Arve a creusé son chemin par-dessous, mais la voie ferrée demeure ensevelie. La route n'a été ouverte, à partir de Chamonix, que jusqu'à la gare des Tines.

Chez les cousins des Praz, le bébé est emmitouflé précieusement dans la hotte, niché au creux des couvertures. Il faut se hâter, car la remontée sera longue : il y a près de dix kilomètres et la maman est à peine remise de ses couches. Et il faut arriver de jour.

Skis aux pieds, Louis et Alice prennent la trace en direction de Vallorcine. La montée se fait calmement, un ski après l'autre, sur une neige qui glisse bien : la Poya des Tines, la plaine des Grassonnets, le village d'Argentière. Le temps a passé lorsqu'ils se trouvent au pied de la dure montée qui conduit à Montroc. Là aussi il a fallu vaincre, non sans peine, l'amoncellement de l'avalanche venue des hauteurs des Chèsery. La fatigue se fait sentir chez Alice quand ils arrivent à la hauteur de la gare de Montroc.

Il faut souffler un peu. Pas trop longtemps, car le froid est vif pour un tout-petit.

C'est alors que la Providence leur vient en aide : ils rencontrent une femme de Vallorcine qui s'en retourne au village. Alice et elle chemineront tranquillement pendant que Louis filera devant avec le bébé.

Et voilà Louis, ses skis sur l'épaule, qui attaque le tunnel. Vingt minutes de traversée. Bientôt Louis n'entend plus que ses pas qui résonnent dans le silence et dans l'obscurité. Et les battements de son cœur s'amplifient en écho tandis que l'angoisse resserre son étreinte : il n'entend plus le souffle du petit ! Respire-t-il encore ? s'est-il étouffé sous les couvertures ? Vite, poser la hotte, regarder... Mais, Dieu merci, le bébé dort paisiblement...

À la maison, la grand-mère et les enfants fêtent le nouveau-né, toujours plongé dans son sommeil serein : il ne se réveille même pas lorsqu'on le glisse de la hotte champêtre à son berceau tout préparé.

Quand la maman arrive, fatiguée – on le serait à moins ! –, les trois enfants se précipitent, tout fiers de lui faire la surprise : « Maman, devine ce que Papa nous a apporté : un petit bébé ! »

La Saint-Charlemagne aux Jeurs

28 janvier 1954

Au centre du hameau des Jeurs, village de montagne qui fait partie de la paroisse de Trient, en Suisse, se trouve une chapelle dédiée à saint Charlemagne, le grand empereur d'Occident. La rumeur populaire l'avait canonisé, tant le monde chrétien d'alors l'admirait, et mis sur les autels sans que l'Église catholique se fût prononcée à son sujet. Ce qui laisse entendre que les Jeurs et la chapelle remontent à des temps très anciens.

La Saint-Charlemagne est fixée au 28 janvier, et ce jour-là c'est fête au hameau, fête chômée bien sûr, avec messe chantée le matin et vêpres l'après-midi.

Le curé de Trient m'a invité pour la fête comme chaque année, et je dois donner un sermon de circonstance qui célèbre les mérites du saint empereur, et en tirer un enseignement utile aux chrétiens qui m'écoutent. Il faut reconnaître que ce n'est pas très facile : quel rapport peut-il exister entre la vie d'un chef d'État du haut Moyen Âge et la vie de ces ruraux accrochés aux pentes de la montagne ?

Me voilà donc en route. Avant d'arriver à Tête Noire, on prend une bifurcation sur la droite et on arrive aux Jeurs, dont les quelques maisons sont éparpillées sur la pente.

Je suis monté à skis. La population et les invités se rassemblent pour la messe de dix heures. Je suis bien habillé quand je revêts les habits sacerdotaux, et tout va bien ; je n'ai pas le temps de ressentir le froid ambiant. Car il fait froid : la particularité de cette chapelle, assez vaste pour contenir la population du hameau, c'est que les deux ouvertures qui encadrent la porte ne possèdent pas de fenêtre. Le froid de l'hiver y entre donc comme chez lui. La messe est chantée par les chantres du hameau auxquels se sont joints leurs collègues de Trient.

À midi, le curé et moi sommes invités au repas chez le cantonnier, responsable de la chapelle. C'est la tradition. Repas typiquement valaisan et montagnard, arrosé de fendant des vignes de Martigny : potage, plat conséquent de morceaux de lard et de saucisses, accompagnés de choux et de pommes de terre. (Pour la cuisson des légumes, le gras n'a pas été épargné ; mais l'hiver, en montagne le corps a besoin de graisses animales pour lutter contre le froid.) On change votre assiette, et on vous sert des œufs à la neige avec une crème fortement vanillée et sucrée. Pas de transition, on passe directement du salé bien gras au sucré bien doux. Un palais français reste surpris du contraste. En Valais on ne propose pas de fromage à la fin du repas de midi. Vous vous habituez à ce changement de goût brutal, d'autant que l'on vous offre un café très chaud suivi d'un verre d'eau-de-vie de poire ou de raisin.

C'est l'heure d'aller célébrer les vêpres. Pas de transition, là non plus. Vous quittez la bonne chaleur du chalet familial et, la figure toute rosée du festin, vous plongez dans le froid de la chapelle, qui vous pénètre jusqu'à la moelle, car on demeure immobile durant tout l'office. La bénédiction du Saint-Sacrement clôture la cérémonie.

Je suis content ensuite de sortir et de marcher un peu ; bientôt il faut reprendre les skis pour rentrer avant la nuit.

Le deuil

Été 1954

Jules Vouilloz prend le rôle de guide-chef à la section d'Argentière, pour la saison d'été. Un autre pas vers le salut, après un long temps d'anéantissement.

Car en perdant son fils, Jules a perdu le goût à la vie. Que lui servira encore d'aller en montagne ? Son fils en est mort. Elle ne peut plus rien lui donner. Alors il monte au grenier et il raccroche sac, corde, piolet, crampons, souliers avec les tricounis, tout ce qu'il a manié chaque jour dans son métier de guide.

Pendant l'automne 1952, soir après soir, quand une réunion ne me retient pas, je descends au Mollard passer la veillée avec la famille Vouilloz. Ils sont abattus par ce coup du destin. Odette, la jeune veuve, est courageuse. La maman prie intérieurement. Quant au père, il garde ses pensées au-dedans de lui. La veillée se passe, la solitude est moins lourde, on parle de choses et d'autres, de l'accident bien sûr. Un voisin, un parent se joint parfois à nous, agrandit le cercle. Ce qui fait la force d'une veillée en montagne, dans ces circonstances douloureuses, c'est qu'elle porte l'amitié qui est vécue au fil des jours.

Quand l'hiver arrive, Jules n'a goût à rien. Pour le sortir de son marasme, un de ses neveux, Camille Ancey, de Barberine, vient lui montrer les objets d'artisanat qu'il produit dans son atelier : petites hottes et seillons en bois de mélèze, dont les touristes aiment orner leur chalet de vacances, ou qu'ils emportent en souvenir à la ville. Camille encourage son oncle à en fabriquer lui aussi ; il lui apporte même des morceaux de mélèze prêts à l'emploi. Jules se laisse convaincre ; il se met à l'ouvrage – il a des doigts en or pour cela. Et cette occupation l'empêche de sombrer.

Au printemps 1953, une délégation des guides de Chamonix (section d'Argentière), Armand Charlet en tête, vient proposer à Jules le rôle de guide-chef à Argentière. Ils le savent prostré dans sa douleur, et pensent que cela l'aiderait à revenir à la vie. Il n'aurait pas à faire de courses en montagne. Simplement, il tiendrait la permanence durant la saison d'été, assurant l'accueil des touristes à la recherche d'un guide. Comme il est très connu dans la profession, en raison de son expérience de la montagne, ils le verraient très bien à ce poste. Jules les remercie ; il ne se sent pas la force de se trouver au milieu des guides qui vont et viennent avec leurs clients, toujours entre deux courses.

Armand Charlet n'insiste pas. Il faut savoir attendre. Chacun sait par expérience comment la douleur peut fermer un homme. On revient le voir de temps à autre, pour une visite d'amitié, à l'automne, quand sont finies les courses de l'été.

L'hiver suivant est moins triste ; Jules est devenu un expert dans la fabrication des objets-souvenirs, et la visite de clients met un baume sur sa plaie.

Aujourd'hui le temps a adouci la peine, la patience porte ses fruits, Jules accepte l'offre des guides d'Argentière ; il renoue le fil de sa vie.

Mort d'épuisement au Buet

Été 1954

Un jeune homme, accidenté en montagne, se trouve dans un état grave. On me fait dire qu'il va être amené à l'hôtel du Buet et qu'on a besoin d'un prêtre pour lui donner le sacrement d'extrême-onction.

Comme le temps est gris et couvert, j'enfile un anorak. Mais puisque je porte les saintes huiles et que je verrai le blessé dans un hôtel, je garde la soutane. J'enfourche ma moto et je pars.

Arrivé sur place, j'apprends que l'accident s'est produit au sommet du Buet et qu'on est en train de descendre le blessé. Je ne fais ni une ni deux, laisse là ma moto, et pars à la rencontre de la caravane de secours. Plus vite ce jeune homme recevra le sacrement du pardon, plus vite il sera réconforté.

Je prends le sentier qui rejoint la vallée de Bérard. Mon pas est rapide ; la soutane ne gêne pas mon allure. Au bout de trois quarts d'heure, je rattrape trois petits scouts qui portent un brancard ; il est lourd pour eux, ils ont déjà beaucoup marché, et ils ont de la peine à avancer. Je charge leur fardeau sur mon épaule et continue la montée, les laissant tout heureux. Toujours pas de caravane de secours. Je suppose qu'elle est encore au refuge de Pierre à Bérard.

Je suis trempé de sueur. Pourtant, le ciel reste couvert ; et même, un petit vent frais me prend de face. La pluie ne tarde pas à tomber, ma soutane est ruisselante.

Quand j'arrive au refuge, la nouvelle est triste : le jeune homme est décédé. Je ne peux que faire une prière auprès de lui, avec ses camarades et toutes les personnes présentes.

Il faisait partie d'un groupe de jeunes qui avaient fait l'ascension du Buet depuis le versant de Samoëns, par l'arête du Cheval Blanc, sous la conduite de moniteurs manifestement mal préparés à cette responsabilité. Ils avaient quitté le refuge du Grenairon, au-dessus de Sixt, dans la journée d'hier. Partis trop tard du refuge, ayant mal calculé la distance qui le sépare du Buet, ils s'étaient trouvés au sommet (3 100 mètres d'altitude) en fin de journée. Et voilà que l'orage avait éclaté, avec des éclairs et une forte pluie ; les nuages enveloppèrent tout le massif. Les habitants de la vallée eux-mêmes redoutent l'orage en montagne ; ils rebroussent chemin dès qu'ils le sentent venir. Alors, quelle terreur avait dû saisir ces jeunes de la ville, aussi mal préparés aux rigueurs du climat en altitude qu'aux pièges tendus par le terrain lui-même !

La descente par le Cheval Blanc est déjà délicate par beau temps et de jour. L'arête, assez vertigineuse, est composée de roches schisteuses en équilibre instable, dont les éléments vous glissent facilement sous le pied. Par temps de pluie, elle devient un vrai danger. Et descendre se révèle bien plus difficile que monter. Instinctivement, par peur du vide, vous rabattez votre corps contre la paroi... et vous partez des talons. À moins de descendre à reculons et d'être encordé !

La nuit était tombée, la pluie ne s'arrêtait pas, et ils n'avaient pas de corde. Pour ne pas se lancer dans cette aventure qu'ils maîtrisaient mal, les moniteurs décidèrent de passer la nuit sur un replat, à l'abri et un peu au-dessous de l'arête sommitale du Buet. Ils pensaient qu'en se serrant les uns contre les autres, ils arriveraient à se protéger du froid et de la pluie. Ne connaissant pas la région, ils n'eurent pas l'idée de rejoindre le col de Salenton et de prendre le sentier de la vallée de Bérard. Le refuge, caché sous sa grosse pierre, les aurait accueillis pour la nuit.

Mais à trois mille mètres d'altitude, le froid nocturne est intense ; et plus vif encore au moment de l'aurore. Il ne laissa pas de répit à ces jeunes non entraînés, insuffisamment habillés, manquant de nourriture et de boissons chaudes. Les heures durent leur paraître bien longues !

L'un d'eux, un adolescent, ne put s'en remettre. Il devait souffrir d'une insuffisance cardiaque. Les moniteurs et ses camarades eurent beau l'habiller de leurs propres vêtements et le frotter vigoureusement dès qu'ils s'aperçurent que la vie se retirait de son corps – il était déjà trop tard. La mort faisait sournoisement son œuvre.

Il y a un moment où elle devient inéluctable. Le docteur Iten, de Finhaut, sportif lui-même et qui fut quelquefois confronté à des accidents en haute montagne, m'a expliqué que la température du corps est très longue à passer en dessous de 35 °C. L'être humain, me disait-il, est très résistant. (Cela dépend évidemment des personnes.) Mais si la température baisse en dessous de 33 °C et que cela dure un certain temps, on ne peut pratiquement plus rien faire pour réchauffer la victime. C'est ce qui a dû se passer pour ce jeune homme.

Il faut maintenant penser à faire descendre le corps dans la vallée et avertir les responsables.

Ces jeunes avec leurs moniteurs viennent d'une colonie établie à Samoëns et appartenant à une paroisse ouvrière des environs de Rouen. Quel choc pour le curé de cette paroisse, chargé de la bonne marche de la colonie ! Comment annoncer la nouvelle ? Comment vont réagir les parents ? La mort en montagne est toujours une tragédie, mais quand il s'agit d'un adolescent, au sein d'un groupe où il aurait dû être en sécurité, la révolte peut gronder. Le prêtre est responsable devant les familles et devant la société.

*
**

J'ajoute ici l'épilogue, que j'apprends à l'automne, parce qu'il témoigne d'une recherche d'union et de dépassement.

La révolte ne gronda pas dans la paroisse. Le curé était très estimé pour son dévouement à toutes les familles de cette cité ouvrière, sans aucune distinction. Les parents du jeune homme ne voulurent pas porter plainte contre lui. La justice allait suivre normalement son cours, puisqu'il y avait eu mort d'homme.

On continua de lui faire confiance. La paroisse et la commune firent bloc autour de lui. Ensemble, ils portent le deuil.

Solitude

La solitude est le lot de tout curé de montagne. Elle est d'autant plus présente que vous êtes jeune et que vous venez d'exercer votre ministère en milieu urbain. Une ville de plaine, une station touristique vous offrent une richesse de contacts exceptionnelle. Vous êtes vicaire, « l'abbé », comme disent les paroissiens, et vous n'avez pas la responsabilité de la paroisse. Cette liberté qui vous est laissée, ou que vous avez prise, vous met à l'aise pour tisser des liens d'amitié et de coopération dans la mise en œuvre de la pastorale, en particulier dans le domaine de l'Action catholique avec les jeunes. La vie d'équipe est partie constituante de notre vie de prêtre.

Si on me l'avait demandé, je n'aurais vu aucun inconvénient à vivre une vie de prêtre au sein d'une équipe pastorale. Là ou ailleurs, en ville ou en campagne. Tout le travail d'Action catholique nous pousse à cette coopération, et les laïcs eux-mêmes, les jeunes en tout cas, sont désireux de voir leur prêtre ainsi. Ils en sont d'ailleurs les premiers bénéficiaires dans leur vie militante, dans leur vie spirituelle, et aussi dans leur vie quotidienne.

Mais voilà, on ne m'a pas demandé mon avis. Le système ecclésiastique veut qu'un vicaire normalement constitué soit un jour ou l'autre nommé curé d'une petite paroisse de campagne ou de montagne. En effet, le diocèse d'Annecy (comme tous ceux de France) compte un nombre très élevé de paroisses, et l'évêque a la chance d'avoir à sa disposition un clergé abondant. Il peut attribuer un curé à chaque paroisse, si petite soit-elle, et répondre ainsi à l'attente des paroissiens. Mais ce morcellement du territoire et l'isolement des prêtres ont leurs dangers : ils poussent à l'individualisme. Le curé devient son propre patron. Il a « son » église, « ses » paroissiens, « sa » chorale, « son » presbytère, « son » maire, etc. Cet état d'esprit n'est pas propice à la coopération entre collègues qui, déjà très dispersés, sont tous gagnés du même sentiment de possession territoriale, de la même défiance à l'égard de l'autorité. Chacun est maître chez soi.

Les rencontres d'archiprêtré favorisent certes l'amitié sacerdotale et contribuent à rompre la solitude du prêtre isolé dans un bout-du-monde. Elles sont le lieu où peut jouer l'entraide, sur le plan matériel comme sur le plan spirituel. Ce n'est déjà pas rien. Mais elles ne suffisent pas à faire passer une mentalité commune, à bâtir une coopération en matière de pastorale sur un territoire donné.

Quant à l'évêque, il demeure loin, au centre du diocèse. Il n'agit que par l'intermédiaire de ses vicaires généraux et vient dans l'archiprêtré seulement tous les quatre ans, pour donner le sacrement de confirmation ; chaque paroisse le reçoit officiellement à tour de rôle. Celle de Vallorcine n'a pas eu cet honneur depuis que je suis arrivé. Située à l'extrémité de la vallée de Chamonix, aux confins de la France et de la Suisse, elle demeure loin des préoccupations de l'évêque. Celui-ci n'a même pas fait halte lors d'un de ses passages au cours de la saison d'été. C'est le douanier en poste au Châtelard qui m'apprend que l'évêque d'Annecy a franchi la frontière : « On a vu votre patron, hier. Il est passé vous dire bonjour ! » Mais l'évêque, qui est en sortie avec des amis ou des invités, n'a pas le temps de s'arrêter dans chacune des cures de montagne de son diocèse. On le comprend.

N'empêche que parfois l'isolement me paraît bien pénible à supporter. Le climat de la vallée est rude. Du fait qu'elle est ouverte sur plusieurs cols de montagne, elle est le domaine du vent. Chaque jour, à partir de huit heures du matin, un vent ou un autre souffle le long des chemins et des maisons, rase les prairies et fait vibrer les branches des arbres. Ce qui donne, il est vrai, un climat sain et tonifiant. Les microbes n'ont pas le loisir de s'installer !

En octobre, le vent de la neige dépouille les mélèzes ; leurs feuilles ont jauni, signe annonciateur de l'hiver. La neige arrive souvent avec la Toussaint, ou à défaut le jour des Morts. Elle nous tient compagnie, à quelques rares absences près, jusqu'au printemps, quand elle laisse place aux soldanelles, aux crocus et aux gentianes bleues. Mais elle se cramponne longtemps encore dans les *envers*, à l'abri du soleil. Si bien que le printemps en montagne est quasi inexistant ; quand vous descendez en plaine aux mois de mars ou d'avril, à Sallanches ou à Martigny, vous trouvez déjà les jardins ratissés, les premières fleurs, l'herbe verte et la feuille des arbres. Et quand vous remontez dans la vallée, vous ne voyez, entre les dernières traces de neige sale, que l'herbe jaunie par le gel de l'hiver et les mélèzes tendant leurs branches noircies. Ce n'est pas pour donner le moral. Les gens du pays, eux, sont habitués, ils ont grandi dans cet univers austère. Mais le prêtre est un « étranger » ; il doit régler sa vie en fonction des conditions climatiques, vivre en osmose avec ses paroissiens. Pour réussir à s'adapter, il faut faire preuve d'une grande maîtrise de soi.

L'hiver, la neige règne en souveraine sur toute la vallée. Avant que le col des Montets ne soit fermé par la chute des avalanches, les Ponts et Chaussées de Chamonix ouvrent la route jusqu'à la frontière. Après la fermeture du col, plus aucune voie n'est ouverte puisqu'il n'y a pas de chasse-neige dans la commune. Seules les traces imprimées par les raquettes et par les chaussures indiquent le chemin entre les maisons, entre les villages ; si vous vous risquez en dehors, vous enfoncez en neige profonde. Le train reste l'unique lien avec le monde civilisé : celui de Chamonix vers le Fayet, d'un côté, celui de Finhaut vers Martigny, de l'autre. Tous les deux se rejoignent à la gare de Vallorcine, ce qui lui vaut le titre de « gare internationale ». Le train suisse ne s'arrête pratiquement pas durant l'hiver ; le train français se trouve quelquefois bloqué par la chute des avalanches sur la voie ferrée, en particulier sur le versant Vallorcine. Alors, il ne reste plus que le passage pour piétons à l'intérieur du tunnel des Montets.

*
**

Sans tarder, je retouche ce tableau désolé. Le froid, l'éloignement existent, mais il y a les hommes et les moments de communion fraternelle.

L'hiver, vous rentrez en fin de journée d'une visite à une famille, à un malade, dans un village, vos skis glissent sur la neige, vous rapprochent plus vite du presbytère.

Vous venez de quitter une famille qui vous a accueilli avec autant de simplicité que de gentillesse, vous avez bavardé avec le papa et la maman, vous avez fait sauter les enfants sur vos genoux. L'atmosphère était chaleureuse.

En dépassant le Sizeray, vous apercevez la cure à l'abri de l'église et de la *tourne*, un peu sur la hauteur. La nuit d'hiver enveloppe tout le paysage. Seule brille la lumière de la cuisine, à travers la vitre de la fenêtre. Et vous avez chaud au cœur, car elle signale une présence : vous savez que quelqu'un vous attend, avec un bon feu et l'odeur de la soupe qui sera versée dans votre assiette. Qu'il doit être pénible, le retour du curé de montagne solitaire dans son presbytère où il n'y a ni feu ni personne qui l'attende ! On comprend que certains perdent pied.

La solitude est un fardeau lourd à porter pour le prêtre qui a donné sa vie à son prochain, signe qu'il possède une âme sensible.

À Vallorcine, j'ai trouvé, pour contrebalancer un climat désagréable et un isolement sévère, des habitants doués d'un solide bon sens et d'une culture innée. Sous des dehors rustres de montagnards, ils cachent une intelligence ouverte. Il fait bon causer avec eux, et leur accueil facilite l'échange dans la conversation. Je suis reçu parce que je suis prêtre, et quel que soit l'homme, il est reçu en tant que prêtre. Ils ne s'arrêtent pas au caractère de chacun et n'opposent pas un curé à l'autre. Et pourtant, la manière du curé Payot n'est pas du tout semblable à la mienne.

Combien d'après-midi d'hiver, combien de veillées ai-je pu passer à causer dans tel ou tel foyer ? Je ne me suis jamais ennuyé. Je me suis toujours senti à l'aise, comme si je faisais partie de la famille, de la communauté. Ici, je trouve un terrain de choix pour enraciner mon ministère sacerdotal.

Le célibat du prêtre de paroisse ne doit pas signifier « fardeau de la solitude », « cœur enclos sur lui-même »... Il faut plutôt le vivre comme une ouverture sur le prochain, une possibilité d'accueil toujours en éveil, un enracinement dans un milieu charnel. La confiance que me témoignent les jeunes et les foyers de cette commune crée un lien d'amitié très fort entre nous. Vu sous cet angle, le célibat non seulement n'ampute pas la personnalité du prêtre, mais au contraire l'enrichit en le rendant plus disponible pour les autres.

Un prêtre déraciné

Juin 1950

Maigre dans sa soutane, il est arrivé à Vallorcine ce matin, venant de Paris par le train. Il a vraiment besoin de se refaire une santé. On m'a demandé si j'accepterais de l'accueillir à la cure pour un mois : il a besoin à la fois d'un séjour en montagne et de la compagnie d'un prêtre qui puisse l'écouter et le comprendre. Car son moral aussi est atteint – et assez gravement. Ici, il profitera aussi de l'aide de Mme Lantin.

*
**

Il me raconte longuement son histoire.

Il vient des environs de Pontoise (département de la Seine-et-Oise, diocèse de Versailles), où il est curé de deux paroisses rurales.

Le diocèse de Versailles manque de prêtres. Hormis les centres et les grandes villes, ce département est fortement déchristianisé, surtout en milieu rural. D'ailleurs a-t-il jamais été vraiment christianisé ? En outre, il est immense et décentré, puisqu'il forme une couronne autour de Paris. Une entité anonyme où personne ne connaît personne. Versailles se situe au sud, tandis que Pontoise se trouve excentré vers le nord. Le manque de prêtres se fait cruellement sentir ; le diocèse est incapable de trouver dans sa population les vocations dont il a besoin pour étoffer son clergé, et fait appel à l'extérieur – le Nord de la France, la Bretagne – depuis plusieurs années déjà.

M. l'abbé Morvan est originaire du diocèse de Quimper. On ne peut être plus Breton ! Ce diocèse, riche en prêtres, dirige volontiers ses séminaristes vers des diocèses d'accueil, pour combler le déficit de leur clergé. C'est un geste d'entraide bienvenu.

Pourtant, malgré l'uniformité que les républicains jacobins ont voulu imposer à la nation française, il reste toujours une difficulté à s'insérer dans un milieu qui n'est pas le sien.

L'abbé Morvan est venu faire ses études de théologie au grand séminaire de Versailles ; ses supérieurs ont pensé qu'ainsi il pourrait rencontrer ses confrères de demain, qu'il n'arriverait pas tout à fait comme un étranger dans le diocèse, et qu'il apprendrait à connaître la mentalité de la population.

Il est ordonné prêtre à la cathédrale de Versailles, et envoyé comme curé dans une petite paroisse rurale du doyenné de Marines, pas très loin de Pontoise.

Le voilà parachuté dans ce coin d'Île-de-France, où il se sent comme un îlot au milieu du vaste océan qu'est la grande banlieue rurale de Paris. Car le séjour qu'il a fait au grand séminaire de Versailles n'a rien changé en lui de sa mentalité de Breton. Il a du mal à comprendre la vie de ses nouveaux paroissiens : ici, pas de pratique religieuse à la messe du dimanche, pas de processions, pas de sacrement pour les mourants, pas de respect à l'égard du curé. Il se trouve dépaysé. Sa seule consolation, c'est la venue pour les week-ends de familles parisiennes qui possèdent une résidence secondaire dans l'une ou l'autre de ses paroisses. Au moins celles-là assistent à la messe le dimanche et saluent leur curé comme les Bretons leur recteur : avec déférence. Et puis, ce qui arrange bien des choses, ils sont très généreux à la quête dominicale, alors que les paroissiens autochtones, c'est-à-dire l'immense majorité, ne donnent à peu près rien. Et comme le curé n'a que cela pour vivre, autant dire qu'il vit dans la misère.

Le sentiment qu'il a de son isolement au milieu d'une population indifférente est accentué par la présence à la cure de sa maman, Bretonne fière de son fils prêtre – ce fils qu'aucune femme ne lui a pris –, même s'il vit en terre étrangère ; elle est venue tenir son ménage et a apporté sa Bretagne avec elle. Au cœur de la Seine-et-Oise, elle promène ostensiblement sa coiffe : par nostalgie, on essaie souvent de recréer un peu de l'univers qu'on a dû quitter. Mais ainsi elle sépare le prêtre de ses paroissiens. Je devine chez l'abbé Morvan la souffrance de se sentir rejeté de son troupeau, de ne pouvoir faire davantage pour lui, souffrance d'autant plus aiguë qu'elle touche sa sensibilité de Breton exilé et de prêtre entièrement donné à Dieu.

Il a bien un sacristain, qui s'occupe de l'église et prépare les ornements liturgiques, mais cet homme dit et manifeste publiquement qu'il n'a pas la foi. Il assiste à la messe et aux vêpres, car son travail le lui commande, et pourtant il demeure là comme un étranger, indifférent à la liturgie et aux mystères divins célébrés. Il est le fils d'un ancien curé de la paroisse, un prêtre du Nord, issu d'une famille riche et aisée, qui employait ses revenus à payer les tournées que de faux amis lui extorquaient au bistrot du village. Il était sans un sou et plein de vin quand il rentrait à la cure. Ou plutôt, quand on le rentrait ! Sa gouvernante avait beau le gronder, lui faire honte, rien n'y faisait.

Ce doit être quelque chose que de célébrer la messe, avec la dévotion que je reconnais à l'abbé Morvan, sous les yeux plus ou moins narquois de son sacristain, fils d'un ancien curé de la paroisse. Quand je lui conseille de le remercier et de le remplacer ou, à défaut, de se passer de sacristain, il rétorque qu'il ne peut pas, qu'il a les mains liées, car cet homme est en place depuis quelques années déjà. Il n'ose pas le renvoyer, cela provoquerait une tempête contre lui, dans la paroisse.

Sa maman, qui ne s'est jamais habituée à ce village, tombe malade et meurt. Il la fait enterrer en terre bretonne. Quand il revient au presbytère, il est seul. Seul pour manger, seul pour ruminer ses pensées. Il participe aux rencontres de ses confrères au doyenné ; il se sent à l'aise avec eux. Mais la solitude lui joue un mauvais tour ; se nourrissant mal probablement, et de tempérament anxieux, il écope d'un ulcère à l'estomac. Opéré à Pontoise, il se remet tant bien que mal ; il reste fragile de ce côté-là. Au moins a-t-il trouvé dans la clinique, tenue par les religieuses Servites de Marie, un havre de paix.

Il reprend son service paroissial. Et un jour, catastrophe !... Il est renversé par une voiture. Il passe à deux doigts de la mort, et retrouve la clinique de Pontoise. Les soins des sœurs le remettent d'aplomb. Comme il est très affaibli, l'une des religieuses, sœur Marguerite-Marie, qui n'est autre qu'Odette, la fille de Jules Vouilloz, suggère à sa supérieure de l'envoyer en montagne pour reprendre des forces. Mais il ne pourrait payer une pension dans une maison d'accueil. Alors elle me demande si je peux l'héberger. Et c'est ainsi que l'abbé Morvan a découvert Vallorcine.

Souffrance de ce prêtre parce que, à la fois Breton et Francilien, il reste déchiré par cette appartenance à deux communautés ; souffrance aussi parce qu'il y a si loin entre sa conception du ministère et le manque d'intérêt de ses paroissiens pour les choses de la religion.

En Bretagne, comme dans ce coin de Pontoise, on ne trouve pas d'Action catholique, pour des raisons différentes, mais avec un résultat identique. Le curé demeure seul face à ses paroissiens, et le milieu paroissial continue de se dégrader, de se déchristianiser.

Le prêtre ne doit pas être en face, mais au milieu de ses paroissiens. Cette attitude, l'abbé Morvan a de la peine à l'admettre.

Le départ de Vallorcine

12 juin 1955

Elle est postée d'Annecy, cette lettre qui m'intrigue, avec mon adresse rédigée d'une petite écriture que je crois reconnaître.

Il est midi ; Adrien Ancey, le facteur, vient de distribuer le courrier, et je prends place à table avec Mme Lantin.

Je saisis un couteau, ouvre le pli. J'ai vite fait de le parcourir des yeux : le texte est aussi clair que concis. Un « m... » retentissant m'échappe, au grand scandale de Mme Lantin qui lève un regard interrogateur : je ne l'ai pas habituée à des écarts de langage, je ne prononce jamais ce mot, même dans les plus fortes déceptions. Mais cette fois, la surprise a été si complète qu'il est parti tout seul.

Je lis à haute voix :

Par décision de Son Excellence Monseigneur l'Évêque, vous êtes nommé à la cure de Praz-sur-Arly.

Monseigneur attend de vous, par retour du courrier, une lettre lui accusant réception de cette nomination.

[...]

Recevez, Monsieur le curé,...

Le Vicaire Général :
A. DURET.

Rien ne m'avait permis d'envisager un changement de poste. Je n'ai rien demandé, ne me suis jamais plaint, et on ne m'avait pas laissé entendre que je pouvais être appelé à partir.

D'autant que cet automne va se dérouler la grande mission régionale de la vallée de l'Arve. Elle se prépare depuis déjà quelques années et regroupe les archiprêtrés de Chamonix, Saint-Gervais, Megève, Sallanches et Cluses. Cette mission régionale est la première du genre pour le diocèse d'Annecy. Dans la foulée des travaux de sociologie pastorale réalisés par le chanoine Boulard, elle veut englober toute la vie des hommes et des femmes qui peuplent cette vallée. On ne peut se contenter d'un travail missionnaire à l'intérieur d'une seule paroisse. Le temps des unités individualisées est dépassé. Aujourd'hui la mobilité des habitants, décuplée par l'usage de la voiture, les nécessités du travail, les besoins du tourisme, rend les échanges contants au sein d'un ensemble. Comme je suis le plus jeune curé de tout ce secteur confié à la mission, on m'a adjoint le doyen d'âge des missionnaires. On a dû penser que ma jeunesse avait besoin d'un bâton de vieillesse pour un bon déroulement des activités prévues !

Mais entre Annecy et Vallorcine, la distance est telle que seule une missive de ce genre peut la couvrir ! Elle appelle de moi une obéissance pleine et entière ; le jour de mon ordination à la cathédrale, à genoux devant l'évêque et mes mains dans les siennes, je lui ai promis obéissance, à lui et à ses successeurs.

Je suis contrarié à l'idée de devoir quitter Vallorcine. Et je pressens la déception des paroissiens. En cinq ans, des liens très forts se sont établis entre eux et moi.

Comment leur annoncer la mauvaise nouvelle ?

Je nous accorde un sursis. Rien ne presse. La semaine prochaine, les jeunes doivent aller à La Salette pour deux jours, et je les accompagne. Je ne veux pas gâcher leur séjour. Je garderai cette nomination par devers moi ; je n'en parlerai pas et ne l'annoncerai officiellement qu'après leur retour. Et je demande à Mme Lantin de garder le secret pour le moment.

*
**

Bon séjour à La Salette, dans une ambiance de joie, de prière et d'amitié.

Fin juin

Brève incursion à Praz-sur-Arly, en moto.

J'ai rencontré le curé de la paroisse – qui n'est autre que mon ex-collègue de Chamonix, mon ami Joseph. Lui-même a été nommé à La Clusaz. J'ai beau affirmer que je m'arrête chez lui par hasard, parce que je passe par là, il n'est pas dupe. Avec son enthousiasme habituel, il me prend par le bras et me conduit à la cuisine : « Je te présente mon remplaçant, le nouveau curé de Praz », dit-il à sa mère. Je n'ai rien à lui cacher, je suis ici en famille. Je lui demande de ne pas en parler pour le moment à ses paroissiens. Mais il est tellement prompt dans ses réactions !... Saura-t-il tenir sa langue ?

*
**

À Vallorcine, j'informe d'abord Albert, le maire, pour qu'il soit officiellement au courant, puis les responsables de la chorale. Et je délie Mme Lantin du secret. La nouvelle se répand comme une traînée de poudre dans la paroisse. Les visages et les conversations ne tardent pas à exprimer la consternation. Les gens de la vallée, d'une rare qualité humaine, s'attachent à ceux qui se donnent à eux.

*
**

Il va falloir penser au calendrier du déménagement, prendre langue avec les responsables de la commune et de la paroisse de Praz-sur-Arly pour fixer une date d'installation, et en conséquence prévoir le dimanche où les paroissiens de Vallorcine me feront leurs adieux.

*
**

Les témoignages de sympathie que je reçois me vont droit au cœur ; ils sont empreints de la pudeur du montagnard et de la délicatesse dont il sait faire preuve quand il a donné sa confiance. Pas de paroles inutiles.

Une certaine tristesse enveloppe ce départ du fait que je n'ai pas de successeur ; pour l'instant, l'évêque ne m'a pas trouvé de remplaçant, bien que nous soyons en été. Certainement, des prêtres ont dû refuser le poste. Les Vallorcins appréhendent toujours d'être privés de curé résident, vu l'éloignement de leur vallée et les difficultés que soulève l'hiver en montagne.

Mais il faut savoir partir, savoir quitter des visages connus et des habitudes prises, en obéissance aux ordres de l'évêque, même si c'est avec déchirement. Le curé n'est pas propriétaire de la paroisse qui lui a été confiée ; il n'en est jamais que l'intendant. Un autre viendra qui continuera le travail pastoral, d'une manière différente certainement, selon son tempérament et ses qualités, et qui par là-même enrichira la vie de la paroisse, ajoutant une couleur nouvelle à la palette de ces expériences. Vallorcine a vu se succéder l'abbé Viannay, l'abbé Payot avant moi – autant de personnalités bien distinctes.

Les paroisses de montagne tirent bénéfice, je crois, d'avoir à leur service des prêtres jeunes, en début de ministère : leur dynamisme se communique à l'ensemble de la population. Et comme ils ne demeurent en place que quelques années, ils n'ont pas le temps de se scléroser. Le renouvellement peut être une chance pour la paroisse.

Les paroissiens ne partagent pas cette façon de voir. Ils font la comparaison avec la carrière de M. Bocquet, l'instituteur du chef-lieu, modèle de stabilité : voilà un homme qui est demeuré à son poste depuis ses débuts à Vallorcine. Il a établi de vrais liens d'amitié avec chacun des curés qu'il a successivement connus. Bien qu'il ne soit pas originaire de la vallée, il incarne l'esprit d'ouverture et le sens de la fidélité qui caractérisent les habitants de cette vallée. (Sur ce plan, je le place à égalité avec Joséphine Ancey – la Joséphine – même si, à propos de religion, ils ne partagent pas le même point de vue.)

Le dimanche des adieux

La messe se déroule dans une atmosphère d'émotion intense, particulièrement au moment où la chorale entonne le *Chant des adieux*.

Praz-sur-Arly

L'accueil à Praz-sur-Arly

La cure de Praz est une grande bâtisse, semblable à tous les presbytères de la région. La porte d'entrée, située côté nord, donne sur le chevet de l'église. Un grand couloir traverse la maison de part en part et ouvre sur le jardin ; il dessert les pièces du rez-de-chaussée. Un escalier en bois conduit à l'étage, où se trouvent six pièces pouvant servir de chambres à coucher. L'ensemble doit être difficile à chauffer en hiver.

Par la porte du levant, un petit perron en pierres sèches permet de descendre au jardin. L'endroit est très ensoleillé. Il y reste un bâti qui témoigne de la passion du curé Dépoisier : son rucher en bois, vide maintenant de ses abeilles. Ce grand apiculteur devant l'Éternel est resté trente-neuf ans à la tête de la paroisse. Parti en 1950, pour prendre sa retraite dans sa famille, il a été remplacé par l'abbé Converset. Il a laissé à Praz le souvenir d'un curé débonnaire, toujours disposé à rendre service à ses paroissiens ; outre ses compétences d'apiculteur, bien connues et appréciées de tous ceux qui avaient recours à ses conseils pour se lancer dans l'élevage des abeilles, il possédait des talents de sourcier. Avec sa baguette de coudrier, ou sa montre tenue par la chaîne, il arpentait le terrain où il pensait trouver de l'eau, à la demande de tel père de famille qui en manquait pour abreuver ses bêtes.

*
**

Les volets de la cure étaient restés fermés ; pour l'arrivée du camion de déménagement, on les ouvre en grand de manière à ce que le soleil de juillet pénètre dans les pièces. Ce geste ne passe pas inaperçu ! À la différence de Vallorcine, le presbytère de Praz est entouré de maisons. En fin de journée, une voisine – c'est la mère de l'abbé Lucien Arvin-Bérod – vient saluer le nouveau curé. « On est heureux, dit-elle, de voir les volets ouverts ! C'était d'un triste... on aurait dit une maison morte ! »

*
**

L'installation officielle est prévue pour le dimanche 17 juillet, seule date à laquelle l'archiprêtre de Megève soit disponible. Ce même jour, dans l'après-midi, la commune de Praz, actuellement privée de maire, élira le remplaçant de M. Hilaire Socquet-Clerc, qui s'est vu contraint de résigner sa charge pour raison de santé. (Il reste cependant membre du conseil municipal.)

Le matin, ce sera donc le premier adjoint qui recevra le nouveau curé au nom du conseil municipal et de la commune. De toute façon, la présence du maire n'est pas requise lors de l'installation d'un curé ; la République ne reconnaît ni ne salarie aucun culte, dit le texte de la loi de Séparation. Mais cela fait partie des usages et contribue à établir des rapports de civilité entre les responsables de la commune et ceux de la paroisse.

*
**

Je monte au village des Varins, où je dois rencontrer le premier adjoint et fixer avec lui les modalités de la cérémonie. Il n'est autre que M. Hubert Grosset-Grange, « Hubert des Varins » pour les gens de Praz et de toute la vallée.

Je me trouve en présence d'un homme imposant, de haute stature, avec un magnifique port de tête. Dans la vaste cuisine où il me reçoit trône une table en bois de belle longueur : il a de nombreux enfants. Mais je vois tout de suite qu'il se comporte en parfait *pater familias*. Il est le maître. Les enfants qui demeurent encore à la maison se tiennent à distance respectueuse et laissent au père le soin de la conversation. Je pense que sa femme doit avoir la même attitude. On sent qu'il entend être obéi...

Cultivateur important, il fait marcher une propriété de plusieurs journaux avec un cheptel assez nombreux. Quand je dis « il », il faut entendre « les membres de sa famille ». Cela me rappelle la règle de grammaire latine étudiée au collège : « *Caesar pontem fecit.* » On traduit mot à mot : « César fit un pont », mais en vérité la phrase signifie : « César ordonna de faire un pont. » Celui qui commande avec autorité et compétence s'attribue le bénéfice du travail réalisé. Il est vrai que Hubert des Varins n'a pas toujours le loisir de donner son temps au travail de l'exploitation. Intelligent et ouvert aux problèmes de société, il participe aux rencontres du monde paysan dans la vallée et même au delà. Dans les réunions, il ne passe pas inaperçu et se fait remarquer autant par ses interventions que par sa haute taille.

Dimanche 17 juillet 1955

Jour de l'installation.

Ma famille est ici au complet. Maman est montée il y a deux jours, avec une de mes sœurs, pour terminer l'agencement de la maison et veiller aux préparatifs du repas de réception. Mon père, lui, est venu ce matin en voiture avec des cousins de Paris en vacances à Seyssel. Les gorges de l'Arly étant fermées à la circulation, il leur a fallu passer par Héry-sur-Ugine et emprunter une route étroite, qui surplombe le vide à plusieurs endroits. Les Parisiens ont craint à tout moment que la voiture ne soit attirée par le ravin et ils en gardent une peur vive.

L'archiprêtre de Megève, François Péray, arrive au presbytère, bientôt imité par l'abbé Alfred Jaccaz, originaire de Praz, curé-archiprêtre de Marcellaz-Albanais. Tous deux revêtent leur habit de circonstance : camail et rochet. Alfred Jaccaz lance à la cantonade : « Le nouveau curé de Praz sera entouré de deux archiprêtres pour son installation... Celle-ci sera donc solide ! » L'abbé Lucien Arvin-Bérod arrive à son tour. L'abbé Morvan est aussi de la fête ; il m'a suivi à Praz, puisque la cure de Vallorcine est en ce moment inhabitée.

Les enfants de chœur sont prêts devant la porte, avec la croix de procession. Le groupe des prêtres les rejoint. Je suis encadré par les deux archiprêtres, et ma famille vient ensuite. Le cortège, précédé par le corps des sapeurs-pompiers, se met en route en direction de la place de la mairie, où attendent le conseil municipal et la population. Je suis accueilli par Hubert Grosset-Grange, qui prononce un discours au nom du conseil et de toute la commune. Il me souhaite la bienvenue.

Un porte-parole exprime ensuite les vœux de tous les paroissiens, leur joie de voir un prêtre s'installer au milieu d'eux, et leur désir de le garder longtemps à la tête de la paroisse. Enfin, un enfant des catéchismes s'avance pour me faire un compliment, et me remettre une gerbe de fleurs.

Je n'ai plus alors qu'à me retourner, traverser la route pour me trouver face au monument aux morts. Les sapeurs-pompiers, au garde-à-vous, encadrent la stèle. Je dépose la gerbe en l'honneur des morts de la guerre, de la Grande Guerre surtout. Je n'ai pas fait la guerre, mais j'ai une pensée pour mon père qui, ancien combattant de 14-18, doit vivre un instant d'émotion. Je me recueille pour une minute de silence, puis prends à haute voix le *Notre Père*, invitant la foule à prier pour ceux dont les noms sont gravés dans la pierre.

Ensuite la messe, avec les cérémonies traditionnelles de l'installation. Beaucoup de monde dans l'église : s'il manque des familles, retenues par les occupations à l'alpage et le soin des bêtes, de nombreux touristes sont présents.

Paroisse et commune se sont mises d'accord pour organiser le repas d'installation à la cantine de l'école Jeanne d'Arc. Cette heureuse initiative enlève du souci au nouveau curé ainsi qu'à sa famille, souci matériel et souci financier. L'ambiance est vite sympathique, la conversation ne languit pas entre ma famille et les paroissiens. Le repas terminé, Hubert Grosset-Grange rejoint le conseil municipal à la mairie pour l'élection du nouveau maire – M. Émile Sondaz, de l'hôtel du Mont-Charvin. Praz-sur-Arly s'enrichit le même jour d'un maire et d'un curé !

Au moment de me quitter, mon père, qui se rappelle la simplicité toute montagnarde de ma réception à Vallorcine, me confie sa joie d'un accueil si chaleureux : « Cette journée est à marquer d'une pierre blanche dans ta vie. »

La bénédiction des alpages

NOUVELLE CURE. Nouveau pays, qu'il me faut apprendre à connaître. Heureusement Émile, le sacristain, me sert de mentor.

Il me rappelle à l'ordre, aujourd'hui : « La commune comprend de nombreux alpages, à l'*envers* et à l'*endroit*, et ils attendent de recevoir la bénédiction du prêtre. Vous êtes notre nouveau curé, et la plupart des alpagistes ne vous connaissent pas encore. Nous voilà au début du mois d'août. C'est le moment d'aller leur rendre visite. Les foins sont achevés dans le fond de la vallée. Je peux disposer de temps pour vous accompagner. »

Et il me brosse un tableau de la situation à Praz. Il n'y a pas ici d'alpage communautaire, comme c'était le cas à Chamonix ou à Vallorcine. Les Pralins ont à leur disposition des alpages privés. Soit ils en sont propriétaires, soit ils le louent à un particulier (moyennant telles conditions), soit ils en sont le gérant pour le compte d'un groupe ou d'une association privée. Ou bien encore ils s'entendent avec un alpagiste pour mettre des bêtes « en pension » chez lui durant l'été.

Je conviens d'une date avec Émile. Il me montrera les chemins qui vont d'un alpage à un autre. « Ce sera le premier lundi d'août, lui dis-je. Par où commence-t-on ? – On commencera par l'*envers*, car le tour y est le plus long. On fera l'*endroit* une autre fois. »

Lundi 7 août

Ciel dégagé ; la journée sera belle.

Émile et moi partons de bonne heure à travers prés en direction du premier alpage de notre programme. C'est un chalet situé sur la commune de Praz, tenu par un habitant de Cassioz, village voisin mais appartenant à la commune de Megève. Notre passage matinal secoue les gouttes de rosée que la fraîcheur de la nuit a déposées sur chaque brin d'herbe. Mais l'herbe est encore rase, et l'humidité ne dépasse pas la hauteur de nos souliers de marche.

Pour ce périple, j'ai renoncé à la soutane et porte une paire de pantalons noirs, des « black jeans », qui me vont très bien et n'entravent pas mes mouvements. Émile a commencé par manifester une certaine réticence : « Qu'est-ce que les gens vont dire ? Surtout les femmes qui vont nous recevoir pour la bénédiction ! Il ne faudrait pas les scandaliser ; elles sont habituées à voir leur curé en soutane ! – Pour marcher, c'est quand même plus pratique. Mais je prends ma soutane dans mon sac de montagne, et je la mettrai dès notre arrivée au chalet. Je serai ainsi en tenue correcte pour la bénédiction. Et s'il me faut changer de chemise, parce que j'ai transpiré, je trouverai bien un coin tranquille ! » Émile m'a donné son accord. Dans son sac, il porte, quant à lui, le surplis, l'étole, le rituel, l'eau bénite.

Nous cheminons tout en bavardant.

Le premier chalet visité se trouve à basse altitude. Il m'apparaît plutôt pauvre, mal entretenu. Après la bénédiction, l'homme qui nous reçoit nous offre le café, et, bien sûr, la gnole. C'est une eau-de-vie de pommes à cidre, dure et acide ; les pommes ne devaient pas être de bonne qualité. Et comme je n'ai pas coutume d'avaler de l'alcool de grand matin, mon estomac proteste énergiquement. Je n'ai plus qu'une hâte : atteindre la prochaine étape pour calmer ces brûlures violentes avec une tranche de pain et un bout de tomme.

Traitement qui se révèle, hélas !, inefficace.

Il me faut patienter jusqu'à un autre alpage, beaucoup plus haut, en Chevan, pour trouver le bon remède. Le locataire de cette montagne la gère au nom d'une association de charité de Megève, qui la possède. Mais il est paroissien de Praz, et c'est son curé qu'il attend. Il a mis au frais dans le *bachal* une bouteille de blanc. Après avoir salué la maisonnée, et avant toute chose sérieuse, on procède à l'exécution de ladite bouteille. Quand vous avez marché et transpiré, un verre de blanc est le bienvenu ; celui-ci mérite même toute ma reconnaissance, car il vient à bout des méfaits de la gnole.

Ensuite, la cérémonie. J'ai revêtu la soutane, enfilé le surplis, passé l'étole, et, rituel en mains, je dis la prière de bénédiction des chalets et des troupeaux. La patronne a allumé le cierge qu'elle garde depuis la dernière Chandeleur. (Il n'est pas neuf, puisqu'on s'en sert les jours d'orage.) Émile me tend le bénitier. Avec le goupillon, j'asperge d'eau bénite les habitants de la maison. Puis ils m'accompagnent pendant que j'asperge consciencieusement l'étable, déserte à cette heure, que je bénis le troupeau rassemblé (les vaches ruminent calmement, imperturbables) et enfin, d'un grand geste de croix, les prés qui nous entourent.

De retour au chalet, j'apprécie à nouveau l'intérieur bien tenu, la cuisine très confortable. Nous prenons place pour le repas à la grande table de bois. C'est le menu habituel des alpagistes quand ils ont un invité : saucisson, salade verte, pommes de terre, morceau de porc, fromage – toutes denrées qui proviennent de l'exploitation –, avec en prime le beurre de la montagne et le pain de campagne. Le menu ne change guère tout au long de la saison d'été. Mais comme on reçoit aujourd'hui son curé, on ne s'est pas contenté de servir simplement des pommes de terre cuites à l'eau ; on les a écrasées, mêlées avec du beurre et du lait pour en faire une purée.

La conversation est animée : ici encore, Émile connaît tout son monde. Il parle patois avec chacun et plaisante facilement.

Mais la tournée est loin d'être terminée.

Émile me fait prendre à gauche, en direction d'une combe où coule le ruisseau de Cassioz ; on l'entend qui gronde au fond de la gorge. Sa rive droite appartient à la commune de Megève ; la rive gauche, où nous nous tenons, à la commune de Praz. En face de nous, dominant le ravin, la croupe de Rochebrune, qui s'avance vers la vallée avec, en créneau à son extrémité, la gare du téléphérique.

Émile m'explique que nous n'aurons pas à traverser le ruisseau. Nous allons rencontrer deux alpages, les Chenées Hautes et le Stiard – appartenant à des familles de Megève –, blottis entre les rochers qui couronnent la crête et cette pente qui descend vers l'eau, pleine de cailloux et de *varosses*. À cet endroit, le terrain est favorable ; il pousse une herbe abondante et de qualité.

Et tout d'un coup, Émile lâche son idée : « Je vais vous présenter comme un maquignon qui cherche à acheter des bêtes. Les gens d'ici ne vous connaissent pas puisqu'ils sont Mégevans. Dommage que vous ne parliez pas patois !... Je dirai que vous venez de la ville. »

Tope là !

Je salue donc en m'efforçant de garder mon sérieux et joue mon rôle de mon mieux. Il est vrai qu'Émile, en accompagnateur du *monchu* de la ville, déploie un talent qui m'aide beaucoup. Dans l'étable, les vaches ruminent en paix, à l'abri des mouches et des taons qui, dehors, les tourmentent. On regarde une bête ou deux, je fais mine de m'intéresser à elles, glisse quelques commentaires. Mais je ne peux rester longtemps dans la peau de mon personnage. D'ailleurs le maître des lieux commence à douter : cet amateur de vaches n'a décidément pas l'air bien honnête ! Il lance à Émile un regard perplexe. Nous éclatons de rire et Émile triomphe : « *Y'est l'encora du Praz ! Al'vin pour la bénédic'chon !* » Notre homme se demande si c'est du lard ou du cochon. Que croire ? Seule la vue de ma soutane tranche la question.

La bénédiction du chalet et de l'étable se déroule alors dans le plus grand sérieux, mais quand nous nous attablons pour boire une tasse de café, les plaisanteries fusent à nouveau. Émile, le sourire aux lèvres, savoure la réussite de sa farce, tout en roulant une cigarette.

L'alpage suivant se cache au col de Véry. Il faut commencer par franchir un mur rocheux que je prends d'abord pour un rude obstacle et où je ne repère aucun sentier. Pour la bonne raison qu'il n'en existe pas. Émile, placide, rassure : « On prend au mieux de la pente ! » De fait, l'ascension ne présente aucun danger.

Au col, trois communes se touchent : Praz, Megève et Hauteluce. L'alpage de Véry se trouve sur le territoire de la commune de Praz (d'où ma présence), mais il est tenu par des gens d'Hauteluce : c'est de ce côté que la descente est la plus facile. Ils y fabriquent le beaufort, fromage réputé et d'excellent rapport. La grosse bâtisse est située un peu au delà du col. Plusieurs hommes s'occupent de l'important cheptel. Ici, tout est fait pour la traite des vaches et le travail du lait. Le bétail doit s'en accommoder, et les ouvriers également.

Je suis surpris de voir les vaches attachées chacune à un piquet, en plein air, le troupeau comme dispersé sur l'étendue de la prairie. Émile m'apprend qu'il s'agit là d'une coutume des vallées de Beaufort et d'Hauteluce : la *pach'née* (en français : la *pachonnée*). Chaque vache est ainsi immobilisée jour et nuit ; elle broute tout autour d'elle la portion d'herbe qui lui revient et laisse ses excréments sur place. Deux fois par jour, comme en toute exploitation agricole, les hommes chargés de la traite font le tour du troupeau, remplissant leur seille à chaque laitière. Et cela, quel que soit le temps. Quand il ne reste plus d'herbe, on déplace le piquet et la vache sur une parcelle neuve. Ainsi, tout est mangé avec ordre, le terrain est fumé automatiquement et il n'est plus nécessaire de garder le bétail ni de charrier le fumier.

Je ne connaissais pas cette méthode d'inalpage ; elle semble ancienne, car elle est pratiquée dans toute la vallée de Beaufort. Elle permet de gérer un troupeau important, mais demande aux hommes de gros efforts physiques lors de la traite : à mille mètres d'altitude, on ne vit pas dans un cocon : soleil brûlant de l'après-midi, brume et froidure de l'aube, et lorsque le mauvais temps s'en mêle, pluie, froid et brouillard. Il faut être costaud pour exercer le métier de berger dans ces conditions difficiles.

Juste récompense, le fromage a un goût de noisettes et un aspect velouté très différent du comté ou de l'emmenthal. Nous nous régalons à goûter le beaufort fabriqué à l'alpage de Véry.

Pour le retour, nous prenons la direction du crêt du Midi, cette pointe qui domine Praz, puis nous tirons sur la droite pour descendre une combe herbeuse où tintent les sonnailles du troupeau. « Et voilà Bassecombe, l'alpage de Hubert des Varins », présente Émile. Nous saluons au passage une jeune femme qui garde le bétail en champ, et, à la porte du chalet, je fais connaissance avec la femme du premier adjoint, que je n'ai pas encore rencontrée : de toute la saison d'été, elle ne descend pratiquement pas au village.

Heureusement, en cette belle journée d'été, la lumière s'attarde : il faut visiter quelques alpages encore, entre autres les Tendues et le Quéset. Autant de rencontres sympathiques, où le premier contact s'établit sans difficulté.

*
**

À l'alpage, le prêtre est attendu, et la porte lui est ouverte. Toute visite prend un air de fête. À peine êtes-vous arrivé, que l'on vous invite à vous asseoir ; on sort le pain, le beurre, le saucisson, la tomme, la confiture et la *craste* avec le café. (La *craste* se fabrique à partir de la *crasse* ramassée sur le beurre en train de fondre, qui est mélangée avec farine et sucre – ou sel, selon les goûts ; recette assez particulière à la commune, et dont les Pralins raffolent.) On ne regarde pas à sa peine, ni au travail en suspens. L'hospitalité a une couleur biblique ; elle me rappelle la scène où Abraham, sous sa tente, accueille ses trois visiteurs et leur fait servir un repas.

La bénédiction rituelle s'insère dans une visite tout humaine et un échange avec les personnes rencontrées. Cet acte religieux n'a rien de magique, car il prend en compte l'activité professionnelle et la vie humaine de chaque famille pour les offrir à Dieu. Cette rencontre entre le prêtre et les gens de la maisonnée, par le fait du simple échange, prépare à la foi qui donnera tout son sens à cette bénédiction.

On m'avait suggéré, soi-disant pour m'éviter une fatigue inutile, de me contenter de faire une prière unique et de donner un seul coup d'eau bénite pour l'ensemble des alpages depuis le village de Praz... La bénédiction aurait été automatique ! Mais c'est alors qu'on pourrait parler de magie, de superstition : il suffit que la chose soit faite ! L'acte de foi, qui est nécessaire à la rencontre avec Dieu, s'enracine toujours dans une démarche humaine. La Bible est tissée de ces rencontres et de ces démarches. On ne peut en faire l'économie.

La vie à l'alpage

ELLE est particulièrement dure et pourrait se résumer en deux mots : travail et solitude, solitude qui accompagne l'alpagiste tout au long de l'été.

Le labeur est pénible ; les journées, longues. Le soin du lait, du beurre et du fromage accapare une bonne part du temps. S'y ajoutent la cuisine et l'entretien du linge. Et le principal demeure, avec un rendez-vous obligatoire deux fois par jour : traire les vaches et les mener aux champs. Quand la nuit arrive, que tout est nettoyé et rangé, chacun est harassé et bien aise de rejoindre sa couche et de s'y reposer : aux premières lueurs de l'aube, il faudra se lever pour traire.

Pendant les quatre mois qu'on passe à l'alpage, on a le souci constant des bêtes, on règle sa vie sur elles, et les rapports humains en pâtissent. Quand la fatigue vous jette au lit, le soir, vous n'avez pas le loisir de partager un moment de fraternité. Et les chalets sont loin des villages, isolés les uns des autres : visites et rencontres s'en trouvent raréfiées. En cas de mauvais temps, la situation empire encore : pluie et brouillard enferment les chalets aussi sûrement que des barrières. Il faut aussi compter avec la séparation des familles : les enfants montent à l'alpage avec leur maman et rendent de menus services, sous leur surveillance. Le père et les aînés, eux, restent à la maison pour faire les foins ; ils ne veulent pas s'encombrer de jeunes. Ce n'est d'ailleurs pas sans conséquence sur la vie scolaire : les élèves quittent bien souvent l'école avant la fin des classes et, de tout l'été, n'ouvrent pas un manuel. Livrés à eux-mêmes, ils perdent le bénéfice de la scolarité. À la rentrée, maîtres et maîtresses constatent même qu'il y a eu régression dans le savoir. Il faut tout reprendre à zéro.

La vie de l'âme aussi est mise en veilleuse. La maman a pu apporter un livre de prières, mais la fatigue du soir l'emporte sur le désir de prier. Le besoin de sommeil fait reléguer le livre sur l'étagère.

La messe à l'alpage

Août 1955

Le dimanche, les alpagistes ne peuvent descendre assister à la messe paroissiale. Joseph, mon prédécesseur, a eu l'idée de célébrer, pour eux, la messe à la montagne. C'est aussi l'occasion de réunir les familles. Son initiative a rencontré un écho favorable : on a apprécié ce moment de prière et de rencontre. Il est devenu une coutume que je souhaite respecter.

Émile me dit de prévoir deux dimanches pour deux messes de plein air, l'une à l'*envers*, aux Tendues, l'autre à l'*endroit*, sur la crête qui domine les Charmoz, près d'une croix de bois.

*
**

Rendez-vous est donné pour 14 h 30 : c'est l'heure où les bêtes demeurent tranquillement à l'étable, ruminant à l'abri des rayons du soleil et des attaques des insectes. On peut les abandonner un instant sans difficulté. Les alpagistes qui viennent de loin laissent quelqu'un de garde au chalet. On ne sait jamais, un accident est vite arrivé.

Dimanche

Repas de midi rapidement avalé, Émile et moi attaquons la montée de concert. Nos deux sacs sont bien chargés, car, outre le nécessaire pour la célébration de la messe et les vêtements liturgiques, nous emportons du vin et des friandises qui seront partagées, après la messe, avec la famille qui nous reçoit. Celle-ci possède un chalet à proximité. Les hommes auront installé la table qui sert d'autel ; les femmes l'auront recouverte d'une nappe et ornée de fleurs des champs.

Et là convergent peu à peu des groupes qui apparaissent à chaque horizon. On monte de la vallée. On se rassemble comme à l'appel d'une flamme où se réchauffer, d'une source où se désaltérer.

Cette messe permet de reprendre tout ce qui a été vécu, le travail, la fatigue, les joies et les peines, pour l'offrir à Dieu. Le poids en est ainsi allégé sur les épaules humaines, et l'on retrouve le sens de la vie. Au grand soleil de Dieu, dans le cadre magnifique de la montagne, sur l'herbe de l'alpage, chacun est invité à louer Dieu, à lui rendre grâce et à lui offrir sa vie.

Les participants se sont salués ; ils ont échangé des propos d'amitié et de retrouvailles, se sont donné des nouvelles des uns et des autres. Ils se tiennent maintenant auprès de la table d'autel. Nul besoin des murs d'une église pour construire une assemblée. Chacun se sent à la fois petit devant la grandeur de Dieu, et fort de la présence de tous ceux qui l'entourent. La communion des saints éclate aux quatre points cardinaux et englobe le monde. Chaque vie humaine, petit point à peine perceptible sur la surface de la terre, est sanctifiée par la vie du Christ. L'eucharistie en donne le sens. Tout est tourné vers Dieu. Ici, on prend de la hauteur !

La messe terminée, la joie du partage se prolonge par des agapes dans les chalets du voisinage. La maîtresse de maison invite les amis à venir goûter et prendre le café. Tout est mis sur la table pour accueillir les hôtes. Ce moment de fête est vécu avec intensité : il sera bref, il faut saisir la joie sans en perdre une miette, car bientôt il faudra quitter la table, enfiler les habits de travail et aller traire.

L'heure est venue de se dire au revoir, de redescendre dans la vallée. Chacun exprime la joie que lui ont donnée la messe en plein air et cette rencontre entre amis, alpagistes, voisins, paroissiens, vacanciers de l'été. Les liens se sont renoués. La vie sociale, qui se mourait de l'éloignement, s'est ranimée. On prend rendez-vous pour la messe qui sera célébrée sur l'autre versant de la vallée.

La messe est l'occasion de se retrouver pour former ensemble le peuple de Dieu. Cette gestation demande une attention constante, et mon rôle de prêtre trouve là une application concrète.

Par temps de brouillard

Été 1956

Il ne pleut pas, mais le temps est gris. Il faut pourtant partir pour la bénédiction des alpages. Grâce à Émile, je connais le chemin. Cette année, un de mes enfants de chœur m'accompagne. Louis est un garçon vaillant, il n'a pas peur de la marche.

Bonnes chaussures, anoraks, nous sommes parés pour affronter la boue des sentiers et le froid de l'altitude.

Montée sans histoire jusqu'au col de Véry. Là, nous voyons la brume arriver à notre rencontre. Et la bâtisse de l'alpage nous apparaît, cernée de lourds nuages que le vent pousse à hue et à dia. Je ne m'attarde pas après la bénédiction, car le temps se gâte sérieusement, et nous sommes à près de 1 500 mètres d'altitude. Le brouillard se profile par-delà la porte de la *chavanne* : le chalet ménage une éclaircie sur quelques mètres autour de ses murs.

Sur le sentier, nous trouvons aussitôt le brouillard – masse cotonneuse importante, oppressante même. Visibilité nulle. Comment garder la bonne piste, sans aucun point de repère ? En montagne, le brouillard est le pire ennemi : vous pouvez dévier jusqu'à des barres rocheuses qui plongent dans le vide, marcher en sens inverse de la direction voulue ou infléchir insensiblement votre course jusqu'à tourner en rond... Je dois m'avouer que je ne sais ni où je suis ni où je vais. Perdus. Seul recours : suivre le sentier sans le perdre, il conduit forcément chez les hommes.

Encore faut-il ne pas confondre chemin tracé par les souliers des marcheurs et piste marquée par les sabots des vaches, qui passent toujours au même endroit dans leurs allées et venues à la pâture. Bien sûr, la terre garde l'empreinte des sabots fourchus, et les bêtes gravent une ligne plus creusée et plus étroite, mais par temps de brouillard, allez distinguer !

Heureusement, Louis est courageux. À deux, on peut toujours s'en sortir.

Une heure de marche. Et une ombre floue, un chalet qui se dessine... Bassecombe ?... Pourtant, non... D'ailleurs, on entend les sonnailles des tarines ; elles ne sont pas très loin, attachées à leur piquet. Alors, où ? Au chalet, on nous renseignera. Mais pour les rejoindre, quel marécage ! Les sabots des vaches et les pieds onglés des cochons ont labouré le sol, la pluie a fait le reste. Il doit bien y avoir une soixantaine de cochons en liberté autour de la maison, grognant de plaisir et fourrant leur groin dans la terre, en quête de quelque nourriture. À l'alpage, on les engraisse avec le petit lait, résidu de la fabrication du fromage. Quand le troupeau de vaches est important, comme il semble l'être ici, celui des cochons l'est en conséquence. Si bien que le chalet émerge comme une île au milieu d'un océan de boue.

À côté, un homme est en train de nettoyer des seaux et de les laver à grande eau.

« Je suis le curé de Praz-sur Arly et je fais la tournée des bénédictions des alpages de ma paroisse. Où sommes-nous ? Je dois aller à Bassecombe. – Vous êtes rendus à un alpage d'Hauteluce. Vous êtes égarés. Il vous faut prendre le sentier qui part devant le chalet. Vous marchez à flanc de coteau jusqu'à une masure qui tient encore debout, sur votre droite. Vous ne risquez pas de la manquer. Juste après, vous quittez le sentier et vous montez droit dans la pente. Arrivés à la crête, vous êtes au-dessus de Bassecombe. Vous n'avez qu'à descendre tout droit pour trouver le chalet d'Hubert des Varins. Vous ne pouvez pas vous tromper. Si vous voyez le patron, vous lui donnerez le bonjour. »

Je le remercie, et il nous fait entrer pour prendre quelque chose. La rude simplicité de l'aménagement me stupéfie. Face à la porte, deux compartiments séparés par des cloisons de bois et ouverts sur le devant. Ils servent de lit aux bergers. En guise de paillasse, simplement de la paille recouverte de feuilles mortes séchées. Une couverture. Des vêtements pendus à quelques clous. C'est d'une simplicité spartiate.

La cuisine est sur la droite. Au milieu trône la pièce maîtresse de la vaisselle : le chaudron de cuivre pour la cuisson du lait, aussi noir à l'extérieur que rutilant de propreté à l'intérieur. À cette heure de l'après-midi, il est vide et se balance à son crochet, brillant de tout son or. On le remplit après la traite, deux fois par jour, et on allume le feu sous lui. La fumée s'échappe par les interstices de la toiture.

Quelques étagères contre le mur portent les ustensiles de cuisine : pots de toutes sortes, une poêle en fonte au long manche, une marmite, en fonte elle aussi, où mettre de l'eau à bouillir... Mais de table, point ! L'homme me fait remarquer une planche rabattue contre la paroi. Il tourne le taquet qui la retient, la laisse retomber, et la cale en position horizontale à l'aide d'un montant en bois qui la soutient par-dessous. Elle est fixée bien haut : ici on mange debout, on n'a pas de temps à perdre. Le repas est vite pris ; la vaisselle, nettoyée au *bachal*.

Les alpagistes doivent renoncer à toutes les commodités. Le travail seul commande. Je ne peux m'empêcher de penser que cette vie, même limitée à la saison d'été, est très dure pour les hommes. S'en trouvera-t-il encore longtemps pour faire ce métier ?

Le berger m'offre un verre de vin et nous trinquons. L'enfant boit un peu de sirop. Inutile de demander du thé : il n'y a pas de réchaud à gaz, et le feu est éteint.

Nous repartons en suivant attentivement les indications reçues et avec une confiance aveugle, c'est le cas de le dire, car le brouillard noie complètement le paysage et nous dérobe tout repère.

Sur la crête, nous sentons le vent qui souffle et promène les brumes. La petite bise nous indique que nous sommes face au nord.

Et nous entendons les sonnailles des vaches de Bassecombe ! Le brouillard porte les sons et les diffuse ; on croirait le troupeau tout proche, alors qu'il est certainement assez loin, au fond de la combe, à pâturer tranquillement sous la surveillance de la bergère. Mais Bassecombe est bien là, devant nous, et cela nous réchauffe le cœur.

Bientôt après, qu'il fait bon pousser la porte du chalet, et, l'enfant ramené à bon port, se ragaillardir au coin du feu en buvant tout brûlant le café que nous offre Mme Grosset !

Une veille à l'alpage

Nuit du 20 au 21 juillet

Environ une heure du matin, cette nuit. La sonnette de la porte d'entrée retentit et me tire du sommeil.

Le temps de passer un vêtement et de descendre l'escalier, j'ouvre la porte et me trouve face à un jeune garçon que je ne connais pas.

« Je viens de l'alpage de Chevan. On m'envoie vous dire que la patronne est gravement malade. Il faudrait que vous montiez lui apporter les sacrements... Je dois vous accompagner pour la route. » Il a débité sa tirade tout d'une traite. Je lui demande de quoi souffre la patronne ; il n'en sait rien. « Attends-moi, je m'habille. Je n'en ai pas pour longtemps. On montera ensemble. »

Je connais cette famille. Je m'y arrête chaque fois que je fais la tournée des bénédictions des alpages. Ils me font toujours un accueil chaleureux. En outre, ce sont de fervents chrétiens. Il faut que le cas soit grave, pour qu'ils m'appellent en pleine nuit.

Un coup d'œil au moment de sortir : le ciel est dégagé, la lune resplendit et éclaire tout le paysage ; une bonne nuit d'été. J'ai rangé dans mon sac soutane, surplis, étole, rituel et l'huile sainte destinée à l'extrême-onction ; je passe à l'église, où je prends au tabernacle une hostie consacrée. Et, sac sur l'épaule, je rejoins le messager.

Il doit avoir quinze ou seize ans. Il n'est pas de la paroisse. Il est employé à l'alpage. Sa famille a dû le placer pour qu'il ait une occupation durant l'été. Il fait les corvées qu'on veut bien lui confier, et il est nourri ; ses parents, peut-être pas très riches, ont une charge de moins. Ces ententes tacites entre deux familles sont courantes. À première vue, d'ailleurs, il ne me paraît pas très dégourdi.

La nuit est fraîche, sans plus ; à la lumière de la lune, la montée se fait aisément. La cadence est assez rapide et j'ai plaisir à marcher.

Devant le chalet, je remarque un cheval sellé, attaché à la muraille. J'entre et trouve dans la cuisine le docteur Socquet, de Megève, ainsi que l'abbé Péray, curé de Megève. Qu'on ait eu besoin du médecin et du prêtre, cela va de soi, mais pourquoi deux curés ? Le fils de la maison comprend mon interrogation silencieuse. « On a envoyé Jeannot à la cure de Praz. Mais on a pensé que, peut-être, vous pourriez être absent. Alors, tant qu'à faire, puisque j'allais à Megève chercher le docteur, j'ai aussi demandé au prêtre de bien vouloir monter. Cela faisait une assurance, pour la maman. Excusez-nous de vous avoir dérangé en pleine nuit. Mais nous sommes, ma sœur et moi, en grand souci pour la santé de notre mère. »

Le frère et la sœur ont entre vingt et vingt-cinq ans. Ils tiennent l'alpage avec leurs parents. Je m'inquiète du père. « Il dort. Il est fatigué. » La réponse me surprend, mais je n'insiste pas.

Le médecin examine la malade, prescrit les médicaments qu'il faudra acheter à Megève aujourd'hui même. La maman a eu une « attaque ». Son cerveau a été touché. Elle ne peut ni parler ni se lever. Le docteur ne cache pas aux enfants la gravité de son mal.

Je m'approche d'elle à mon tour, lui parle à l'oreille pour avoir quelque chance d'être entendu. Je lui donne l'absolution et lui impose les mains en récitant cette prière :

Nous vous supplions, Seigneur Dieu,
regardez avec bonté
votre servante accablée par la maladie,
et rendez la force à son âme que vous avez créée.
Que l'épreuve la purifie
et qu'elle se trouve par vos soins rendue à la santé.
Nous vous le demandons par le Christ Notre Seigneur.
Amen.

Je lui fais ensuite les onctions d'huile sainte ; mais elle ne peut recevoir la communion.

Le fils raccompagne le médecin et l'abbé Péray jusqu'à l'embranchement du chemin et de la route carrossable, où est garée la voiture de M. Socquet. J'attends son retour, pour que la jeune fille ne demeure pas seule.

Et le père ?

Il est dans la chambre. Il dort à poings fermés, ronfle comme un sonneur, les cheveux ébouriffés et la figure écarlate. « Il est descendu à Megève hier pour livrer le beurre et le sérac aux clients, me dit sa fille. Quand c'est lui qui descend, il ne sait pas remonter. Au marché et en ville, il a dû rencontrer des amis, d'autres montagnards, et cela se termine toujours au café. Il est rentré tard dans la soirée, ivre mort. Nous l'avons mis là, pour qu'il cuve son vin et nous fiche la paix. À ce moment-là, la maman allait bien. Ce n'est que plus tard, au milieu de la nuit, qu'on l'a entendue se plaindre. Nous nous sommes levés, mon frère et moi, et nous l'avons vue se débattre. Elle n'a rien pu nous dire. Depuis lors, elle ne bouge plus ; on dirait qu'elle est toute raide. Qu'allons-nous devenir ? »

La tristesse envahit le chalet. Quel sentiment d'abandon doit serrer le cœur de cette jeune fille ! Dans la nuit qui cache tout l'horizon, la peine se fait encore plus oppressante. Quand le fils est revenu, je ne peux me décider à quitter ces deux jeunes, tellement démunis. L'angoisse de la nuit et de la solitude les étreint. Je décide de rester auprès d'eux jusqu'au jour. Ma simple présence peut leur être un réconfort et leur apporter un peu d'apaisement.

L'état de leur père ne les inquiète pas ; il s'en remettra, il en a vu d'autres. C'est leur maman qui occupe leur pensées, c'est à elle qu'ils prodiguent leurs soins. Souvent ils vont vers elle pour la veiller, faire une prière ou lui dire quelques mots de tendresse.

La nuit a fini par s'achever. Le jour arrive par la fenêtre de la cuisine. Nous nous installons autour de la table pour le déjeuner du matin. Les gestes quotidiens aident à supporter le chagrin, à reprendre pied dans la vie. Avant de partir, je m'efforce de les encourager, de ranimer leur confiance. Pour eux, la journée s'annonce rude, car le travail et le soin des bêtes n'attendent pas. En montagne, outre une bonne santé, il faut avoir le cœur ferme. Comme tous ceux du pays, ils ont été élevés à bonne école, et je pense qu'ils sauront faire front.

Après cette longue veillée de communion dans le chagrin, moi aussi je redescends vers le quotidien : demain dimanche, c'est la kermesse paroissiale. Il y a du travail aujourd'hui pour la préparer.

Épilogue

AU MOMENT de remettre à mon éditeur et de livrer au public ces notes prises durant mon ministère de prêtre en montagne, je revis ces années passées au contact de la population de la haute vallée. Je retrouve dans ma mémoire les visages de ceux et de celles que j'ai rencontrés, dont certains ont déjà rejoint la maison du Père. Visages de jeunes et de personnes âgées, visages d'hommes et de femmes qui ont traversé ma vie et qui m'ont marqué, d'une manière ou d'une autre. Sur chacun d'eux, je peux mettre un nom. Visages aimés dont l'affection et l'amitié m'ont enrichi et fait en partie ce que je suis aujourd'hui. Leur nom et leur figure demeurent à jamais dans ma mémoire, et je suis reconnaissant à Dieu de les avoir mis sur ma route.

Je peux dire aujourd'hui que j'ai eu de la chance d'accomplir les premières années de mon ministère à Chamonix, surtout à cette époque (1945-1950) où l'agglomération restait à taille humaine. La montagne façonne le caractère, et le Chamoniard a un cœur d'or, même s'il a le caractère bourru. Quand il fait sa mauvaise tête, il ressemble à l'âne qui coiffe le sommet du Mont-Blanc, signe avant-coureur du mauvais temps. J'étais reçu en chaque famille sans parti pris, avec confiance ; chez nombre d'entre elles, j'étais reçu en ami. Je crois que chaque vicaire de Chamonix peut dire la même chose.

Je ne débordais pas d'enthousiasme pour aller m'installer à Vallorcine. La montagne s'y fait sévère et la configuration de la vallée lui apporte plus de vent que de soleil. À cette époque (1950-1955), où n'existaient ni voiture, ni cinéma, ni télévision, où souvent la route était fermée et la voie ferrée obstruée, les rencontres, les veillées, l'entraide exprimaient une forte chaleur humaine.

Le montagnard ne s'arrête pas à l'aspect extérieur des choses, il n'a que faire de la futilité. La parole est sobre, elle doit dire le tout en peu de mots. En montagne, le silence est le frère de la parole, il lui donne son sens et sa valeur.

Mieux qu'à Chamonix, car j'avais plus de loisirs en été, j'ai pu découvrir le domaine de la haute montagne. Je me suis plu à Vallorcine. Je serais volontiers resté plus longtemps. Mais l'évêque m'a nommé à Praz-sur-Arly (sans me demander mon avis bien sûr). J'étais triste de quitter cette population que j'aimais, triste aussi de leur faire ainsi de la peine. Je revois encore toute cette peine.

La montagne ne laisse personne intact ; elle façonne l'homme de l'intérieur. Les rencontres que j'ai eues avec les jeunes et les foyers de la vallée, en ces premières années de ministère, ont marqué mon être des joies et des peines vécues et portées ensemble. Mon sacerdoce au service du peuple de Dieu a pris chair dans leur vie.

Mais déjà auparavant, et je ne voudrais pas l'oublier, la rencontre avec les jeunes de la baraque de service, au groupe 5 des Chantiers de jeunesse, à Monestier-de-Clermont, avait donné du corps, comme on dit en parlant d'un vin, à mon idée de devenir prêtre. J'en ai revu quelques-uns par la suite. Tintin, le muletier, était devenu mon ami. Ce sont des amitiés de cette sorte qui forment le terreau où s'enracine la vie d'un prêtre.

Pour vivre en montagne, il faut savoir prendre des risques. Ce qui compte en premier lieu, c'est la personne, la personne vivante qui attend une réponse. Je me souviens du docteur Iten, de Finhaut ; médecin de montagne, il me racontait les cas où il avait dû prendre, seul, une décision grave. Le prêtre, lui aussi, doit être formé pour répondre à la question qui lui est posée, sans être obligé de chercher la réponse dans un livre, et pour cela, la montagne est une bonne école.

Annecy, le 20 avril 1993
Claude Chatelain

NOTES

1. Au printemps 1944, les Allemands font une descente sur ces lieux, arrêtent des personnes et brûlent des maisons.
2. Pierre Lamy : il a évité à de nombreux jeunes de partir pour l'Allemagne. Il le paie de sa vie : il est fusillé en juillet 1944.
3. Henri Godin est l'auteur, avec Yvan Daniel, de *La France, pays de mission ?* (1942).
4. Malgré une situation qui semblait le mettre à l'abri des avalanches, il fut emporté quelques années plus tard.
5. L'équipe était composée de Joseph Ravanel (le Rouge), Camille Ravanel (frère du Rouge), d'Argentière, Arthur Ravanel (fils du Rouge), André Cachat, Henri Couttet, Alphonse Couttet, Camille Couttet, Georges Tairraz, et l'abbé Vuarnet, vicaire à Chamonix. Ce geste était dû à la générosité de M. Jacquier, d'Évian, en reconnaissance envers la Vierge, qui l'avait tiré d'un mauvais pas aux plaques du Grépon.
6. Cette page est extraite du bulletin paroissial de Chamonix *Le Mont-Blanc* (février 1951).

Table

UNE VIE EN GERME

CHAMONIX

VALLORCINE

Achevé d'imprimer
en octobre 2003 par
Dumas-Titoulet Imprimeurs
à Saint-Etienne

Dépôt légal juin 1999
N° d'imprimeur : 39542A
Printed in France